历史的天空

历史传闻中的宝藏

历史的天空

历史传闻中的宝藏

土 博 编著

吉林出版集团股份有限公司 | 全国百佳图书出版单位

前 言

在宝藏的世界里,人们对它一直充满着好奇与幻想。世界的每个角落,每一寸土地上也许都会是宝藏的藏身之地。

当寻梦与文明同在,叹瑰宝之风华,感秘史之迷离,惊发掘之旷古,思迷案之悬疑。放眼中外,幽深的庭院中隐逸的过往系人心弦。古国、宝藏消匿的影踪引人追寻,一座座古墓掩埋了无数红尘秘事,每一件国宝书写一段传奇。桩桩悬案留给后世诸多未解之谜。

打开浩如烟海的历史画卷,忍不住惊叹人类文明巨大的创造与开拓能力,灿灿发光的黄金与熠熠生辉的钻石,温润洁白的象牙与精美绝伦的瓷器,举世无双的画作与巧夺天工的工艺品,形成了蕴含无数劳动者的血汗和数不尽艺人的智慧之山。但是贯穿其中与之相伴的野蛮与掠夺,更是让人触目惊心。在王朝更迭,时光荏苒的过程中,经历着多少光芒与荣耀,曲折与泪水,黑暗与幽深,杀戮与灭亡。

追随这些财宝的足迹,让每一个了解它们背后故事的人都怅然若失,在罗马铁骑所到的城市,在二战硝烟弥漫的战场旧址,宝藏给人们带来无尽的神秘与遐想。

宝藏并非只存在于小说和传说中,在现实中宝藏也真实地存在。在形形色色的神秘故事背后,你也许会领略到些许的地方风情,如果有一天你去书中的某个藏宝地点旅游或探险,一定要留意脚下的每一寸土地,或许,会有惊喜等着你。

本书分为世界篇和中国篇。全面地为你介绍了古今中外的传闻宝藏。阅读完本书,让读者们仿佛身临其境,对这些珍宝有了更加全面地了解。

目 录

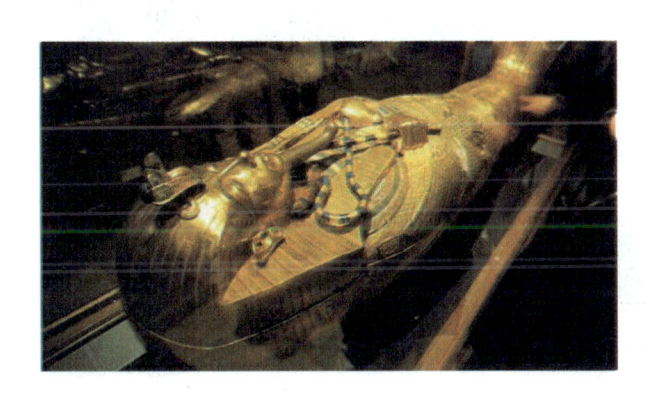

世界篇

失落的南美洲"黄金国"	10
隐藏宝藏地点的"铜卷轴"	13
墨西哥城建立在大宝藏上	15
橡树岛上的"钱坑"	17
图特卡蒙的陵墓	19
英国王室的珠宝	22
"阿托卡夫人号"沉船	26
富可敌国的赫氏堡	29
消失的罗亚尔港	33
丹漠洞遗址宝藏	37

目　录

世界篇

黑格的陨石收藏	40
西潘王的墓室	43
霍克森村庄的宝藏	46
俄罗斯的"钻石库"	49
洛豪德岛的海盗遗产	54
"圣荷西"号沉船的珍宝	56
古印加奇姻国的国王陵墓	58
亚马逊密林的黄金城	59
神秘失踪的琥珀屋	61
葬于海底的加州金矿	64

◆ 目　录 ◆

中国篇

陕西省法门寺地宫	66
震惊世界的"南海一号"	76
项羽字符藏宝之谜	88
抚仙湖古滇国宝藏	91
古楼兰的宝藏之谜	97
乐山大佛胸前的藏宝洞	106
"龙王庙行宫"宝藏之谜	113
太平天国金龙殿地下宝藏	116

◆ 目 录 ◆

中国篇

张献忠宝藏之谜	**119**
海盗吴平的宝藏之谜	**123**
马步芳乌鞘岭藏宝之谜	**129**
哀牢山土司藏宝之谜	**135**
张保仔上川岛藏宝之谜	**139**
西夏黑水城宝藏之谜	**145**
大清赫图阿拉宝藏之谜	**153**
稀世国宝楼兰彩棺之谜	**157**

世界篇

失落的南美洲"黄金国"

印加人是南美洲印第安人的一支。印第安人流传着这样一个传说：生活在南美西北部崇山峻岭中的穆依斯克人，崇拜水和太阳。每当他们选出一个部族的最高领袖，就要在湖上举行一次祭礼。除了黄金，穆依斯克人不会开采和冶炼任何金属。因此，他们的庙宇之中往往有许多黄金制品。这也许就是所谓"黄金国"的来历。

现代一些学者认为，克里斯多夫·哥伦布之所以要进行航海，既不是为了寻找印度和中国，也不是为了证明地球是圆的，其真正的目的是为了寻找"黄金国"。这一点已被继哥伦布之后陆续去新大陆的西班牙入侵者的行径所证实。

最早传出在南美洲有一个"黄金城"的人，正是西班牙入侵者头子弗朗西斯科·皮萨罗手下的奥尔拉纳中尉。据说，1531年1月，西班牙冒险家弗朗西斯科·皮萨罗率领一支由180人组成的队伍，从巴拿马出航，直奔南美的印加帝国。这些西班牙人虽然数量不多，但十分凶悍，并且配备了当时最先进的火枪和大炮，还有62名骑兵。

当时统治印加帝国的皇帝阿塔雅尔帕对外来侵略者毫无了

解,也没有采取任何防御措施。在这种情况下,皮萨罗突然袭击,俘获了阿塔雅尔帕,并向他勒索黄金。贪生怕死的阿塔雅尔帕为了保全性命,竟对皮萨罗说,如果释放他,他愿用黄金堆满囚禁自己的房间,直至他举手所及的高度。这是一间115平方米的房间,填满它要用40万千克黄金。

阿塔雅尔帕的臣仆很快就送来了5万千克黄金,可是皮萨罗帕皇帝自由后会组织反抗,就违背诺言,残酷地绞死了阿塔雅尔帕皇帝。正奔驰在为皇帝赎身而运送黄金路上的臣仆听到这个消息后,迅速地把黄金藏匿起来,连预先交来的也被转移了。

随后,1533年11月,皮萨罗带兵进入印加帝国首都库斯科,把那里的黄金和财宝洗劫一空。关于皮萨罗所勒索的巨额黄金的下落,还有人说,当时皮萨罗并未能拿走。这些黄金随着阿塔雅尔伯的尸体一起,被印加人夺回后藏了起来。

藏宝的地点,据说就在今天厄瓜多尔利安加纳蒂的山中。在这沼泽密布、毒蛇野兽横行的地方,无数寻宝者进去了就再也没能出来。贪婪本性决定了贪得无厌,也导致了皮萨罗一伙因分赃不均而发生激烈的内讧。不久之后,几乎所有的首领,包括皮萨罗的4个兄弟以及他本人都在内讧中被杀死或被囚禁。但皮萨

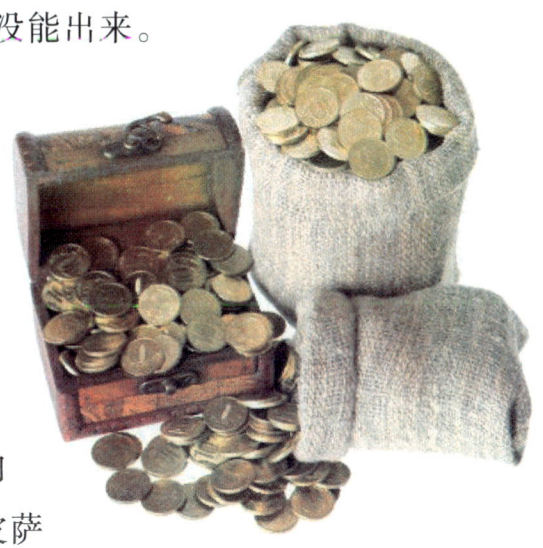

宝藏

罗在南美掠夺了巨额黄金的消息却迅速传遍整个欧洲，进一步激起了欧洲冒险家们的贪欲。

1535年，曾经远征过印加帝国的西班牙人贝拉卡萨曾遇到一个印第安人。据印第安人讲，在远方有一个部落的国王，用金粉洒遍全身后，在一个圣湖里洗浴。贝拉卡萨称这个传说中的国王为"多拉都"，即"黄金人"，后来这个名字又被讹传成"爱尔拉都"，成了传说中黄金国的名字。

1536年，一个名为克萨达的西班牙人，率领一支900人的探险队从哥伦比亚北岸向南美内陆进发，去寻找黄金国。他们在印第安人齐布查族的索加莫索村内，看到一座太阳神庙，庙里存放着齐布查族酋长的木乃伊，身上覆盖着黄金饰物。

齐布查人对克萨达说，这些黄金是用食盐向另一个印第安国度交换来的。他们还说，那里有个叫瓜地维塔的湖，在湖上每年都有一次神奇的仪式举行，那就是黄金人庆祝大典。庆典时，那里的国王全身洒满金粉，戴上黄金饰品，乘坐木筏，从湖岸出发。周围的族人燃起野火，奏起乐器，国王便跃入湖中，把身上的金粉一洗而净，祭司和贵族们也同时向湖中投入贵重的金饰，献给太阳神。

这本是多年来流传在印第安人中的一个传说，西班牙冒险家们听后却垂涎三尺。克萨达立即带人们向该湖进发。后来他们在海拔3000米处的一个火山口附近找到了一个湖，附近有几间小房子，却根本就没有黄金国的踪影。

隐藏宝藏地点的"铜卷轴"

1952年，有人在靠近约旦河西岸死海附近的一个洞穴里，发现了铜卷轴，上面用希腊语和希伯来语描述了64处宝藏的藏宝地点。根据残缺的铜卷轴记载评估，大约有26吨黄金和65吨白银，用今天的市值评估价值将超过10亿英镑。但第64处宝藏地点却隐藏着第二个卷轴，上面列有更多的藏宝地点。铜卷轴中的藏宝地点之一是朱迪亚，它可能就位于今天的耶路撒冷古神庙。

寻宝者们根据铜卷轴已经发现了一些东西，包括熏香和铜制品，但却没有找到铜卷轴中暗示的黄金。许多人相信，如果第二份卷轴被找到，他们也许才会发现真正的宝藏位置。

耶路撒冷风景

铜卷轴共有 64 个段落，段落间详加陈述关于这一大批宝物的细节。大部分是金块，也有昂贵的仪典容器与香炉。当然，只有神庙才拥有这样的财富，也才会用到这些仪典的物品和香炉。

卷轴的年代与第一次犹太人暴动的时间吻合。670 年，罗马人进入耶路撒冷，神庙就在一场大火中付之一炬了。

近年来，大多数人相信，虽然铜卷轴记载了真实宝物埋藏的细节，但并不能全部信以为真。许多人认为宝物埋藏地很大可能是在旱谷，却没有一件宝物被发现。而且，本身就价值不菲的铜卷轴上记载的宝物总量令人不可置信。

大多数学者认为铜卷轴字里行间必定隐含着某种密码，但这可能永远不得而知。还有最后一个谜团是，宝物是由于狂热的游击队员激烈反抗罗马人后，最终在马萨达被消灭后而被神庙盗出的吗？或是罗马军队进攻时，僧侣等人为安全起见，将宝物由神庙搬出？这是关于铜卷轴的诸多疑问之一。

耶路撒冷风景

墨西哥城建立在大宝藏上

1519年，西班牙军队首领赫南·科蒂斯登陆墨西哥海岸，当时的蒙蒂祖玛国王误将他当成了神，于是将大量黄金送给他当礼物。

有人认为，蒙蒂祖玛二世的财宝可能已经随着回国时被击沉的西班牙帆船沉入了海底，或是和科蒂斯的部下一起沉没在首都蒂诺奇蒂特兰旁的湖泊中。由于该湖早已干涸，现在是墨西哥城的所在地，所以那些遗失的财宝显然不大可能再被发现了。

通常提到"墨西哥城"时，可能意指三个不同的行政区域范围：由16个区组成的墨西哥城市区地带是最狭义的墨西哥城；加上周边卫星城市组成的大墨西哥城地区，则是一般提到墨西哥城时，真正意指的范围。曾有数据显示，此区域内居住着1850万以上的人口，使得墨西哥城的人口数成为世界上位居前列的都市区；至于最广义的墨西哥城则是指整个墨西哥联邦特区。

墨西哥城是墨西哥合众国的首都，位于墨西哥中南部高原的山谷中。它集中了全国约二分之一的工业、商业、服务业和银行金融机构，是全国的政治、经济、文化和交通中心。

今日的墨西哥城是16世纪时，西班牙征服者在打败中美洲的印第安文明——阿兹特克帝国之后，将该帝国的首都特诺奇提特兰夷平在废墟上重新建立而起的城市，也是西班牙人在新大陆上建立的国家——新西班牙的首都。这里原本是一个以特斯科科湖中小岛为中心逐渐填湖建造出的水上城市，西班牙人在征服此地后变本加厉，将湖面大部分的区域都填平，因此今日的墨西哥城绝大部分的市区都是建立在不稳定的回填土之上，对于地震之类的天灾几乎没有抵抗能力。

墨西哥城的古老历史可以追溯到印第安人时期，它的前身是1325年建立的特诺奇提特兰，阿兹特克人按照传说中"神鸟"的启示，在特斯科科湖中心小岛上建城，名特诺奇提特兰城，曾为阿兹特克帝国首都。在它的创建者阿兹特克人的语言中，可以多视角了解和认识墨西哥的历史文化。

有名的起义者大道，纵贯南北，长达50千米，与绿树成荫的改革大道在市中心相交。

墨西哥风光

橡树岛上的"钱坑"

1795年10月,三位少年登上一座距离加拿大海岸不远的橡树岛旅游。他们发现朝海一面的大片红橡树林中突然出现一块空旷地,地中间独立着一颗古橡树,树枝上似乎挂过一个古船的吊滑车,正下方有一个浅坑。

根据迹象判断,这里可能埋有海盗的宝藏。原来,橡树岛在17世纪时是海盗出没之地。有一个著名海盗叫威廉·基特,1701年他在伦敦被处决,临死前提出一个交换条件:若能免他一死,愿说出藏宝之处。但他遭到了拒绝,连同那个宝藏的秘密一道长眠于地下。那么,基特的宝藏是否就埋在此地呢?

三位少年开始挖掘,发现那坑像个枯井,每隔3米就碰到一块橡木板,最终毫无结果。1803年,又有一群人继续挖掘,当挖到27米深时,发现了一块刻有神秘符号的石板,经专家破译,意思是:在此下面12米埋藏了2000万英镑。

人们欣喜若狂,他们一边抽水一边挖掘,当一天晚上用标杆探底时,在30米深处触及了类似箱子的硬物。当即大伙儿谈起了宝藏分配。可是第二天,人们惊讶地发现,坑内积水已达18米深,于是希望成了泡影。

1850年，人们又有个奇怪的发现，退潮时，"钱坑"东面152米处海滩上不断冒出水，犹如吸满水的海绵受到挤压一样，同时又发现了一套精巧复杂的通向"钱坑"的引水系统。它们使"钱坑"变成一个蓄水坑。

海盗船

于是人们做出一个推断：海盗将"钱坑"挖得很深，然后从深处倒过来挖出斜向地面的侧井。宝藏可能离"钱坑"几百米远而埋在斜井尽头，离地面不过9米深，这使海盗们可以迷惑掘宝者而自己却能轻易挖出宝藏。

1897年，人们又在47米深处挖出一件羊皮纸卷，上用鹅毛笔写着两封信，有的人还挖出了铁板，这些发现更使人相信：海盗们埋了一笔巨大财富。

20世纪时，人们估计其价值1000万美元，在60年代便传说有1亿多美元了。在"钱坑"挖掘时，曾有一个传说：必须死掉7个人才能揭开其秘密。曾有，一个由加拿大人和美国人组成的联合公司对"钱坑"进行了前所未有的大规模发掘，在岛中心投资1000万美元钻了一口巨井，深度相当于20层楼高，并在其他地方钻了200个洞，有的达50米深，已接近岩层；钻头从地下带出了金属制品、瓷器、水泥等物。

"钱坑"之谜的揭晓似乎为期不远了，它可能犹如埃及的图坦卡蒙陵墓一般举世震惊，但它也可能是一个耗费巨资掘出的空洞。

图特卡蒙的陵墓

埃及的帝王谷位于尼罗河西岸的沙漠中。古埃及新时期，首都设在底比斯。这以后的大多数法老都埋葬在这里。1900年左右，几乎所有帝王谷里的陵墓都被发现了，考古学家和盗墓者在这方面平分秋色。但是仍然有成群的人在帝王谷里寻找传说中的国王图特卡蒙的陵墓。

图特卡蒙是3300多年前的一个年轻埃及法老，他曾在金雕御座上管理着庞大帝国。但他的统治是短暂的，因为他在18岁时突然死去。在埃及漫长的法

埃及帝王谷

老时代中,图特卡蒙因为在位时间短而名不见经传,他的猝死也使得其陵墓在很长时间里始终没有被发现。

考古学家霍华德·卡特熟读古埃及历史,发现图特卡蒙陵墓是他毕生的梦想。1903年起,他就带领助手在帝王谷的每一寸土地上搜索。1922年11月5日,经过19年的努力,他终于找到了图特卡蒙陵墓入口。它竟然位于另一个著名的法老拉美西斯六世的陵墓下面,开凿于岩石内。

这是3300年来唯一一个完好无缺的法老陵墓,也是埃及最豪华的陵寝,更是埃及考古史乃至世界考古史上最伟大的发现。卡特之前以为这个年轻法老的墓葬品会比较简单,谁知之后长达3年时间的挖掘向全世界证实了这种预想的愚蠢。

卡特说过,图特卡蒙一生唯一出色的成绩就是他死了并且被埋葬了。这话是有道理的。因为其陵墓的发现成为古代文明对现代人类最彻底的一次震撼。那个成为埃及文明象征的纯金面具,那个纯金制成的棺材,那个由纯金雕制镶满宝石的王位,那些铺满墓室墙壁的纯金浮雕,那具完整无缺的木乃伊……所有一切都让人类惊叹,3300年前埃及人的工艺技巧和现在的到底有什么不同?

图特卡蒙陵墓的发现使世界考古工作获得巨大成功,也是考古史的重要转折点。所有出土文物超过10 000件,每件都是无价之宝。卡特花费3年的时间把它们全部运出墓室,当时挖掘人员从墓的出口抬出女神哈托尔牛头灵床的镜头已经成为考古史上无法超越的经典;埃及政府又花费了整整10年的时间把它们运到开罗,令开罗博物馆之前的所有藏品都黯然失色,而彻底研究它们可能需要未来人类全部的时间。

文物无可比拟的历史价值和其所蕴含的谜团使图特卡蒙陵墓排在世界十大宝藏的第一位。

这是世界考古史上的重大发现,当时全世界掀起一股图特卡蒙热。热潮过后,虽然人们仍然关注与这具木乃伊有关的新闻,但没有哪条新闻的轰动效应能与"图特卡蒙国王诅咒"或"木乃伊诅咒"相提并论。

资助那次考古工程的英国人罗德·卡纳冯勋爵在参观完图特卡蒙陵墓后不久便染病身亡,这进一步加深了人们对超自然力量正在发挥作用的猜测。

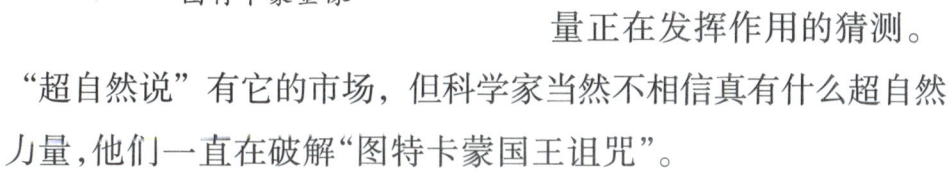

"超自然说"有它的市场,但科学家当然不相信真有什么超自然力量,他们一直在破解"图特卡蒙国王诅咒"。

图特卡蒙金像

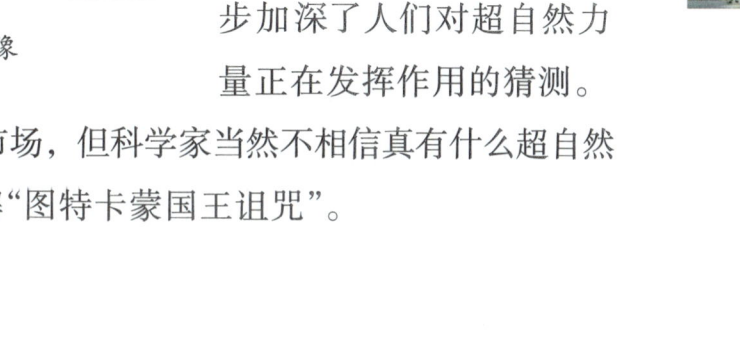

英国王室的珠宝

大约在1600年前,地球上崛起了一个强大的王族,这就是英国王室。英国王室是现存最古老的王族,而每代君主的加冕仪式都严格奉行完全一样的传统,这使得英国王室的加冕典礼成为现存的、最古老的仪式。在加冕仪式上,国王或者女王头戴的王冠和手持的权杖都成为全球瞩目的焦点。

为了使王冠和权杖成为世界上独一无二的权力象征,历代王室想尽办法收集钻石和珠宝,认为稀世的钻石、珠宝最能体现王室的尊贵地位。然而,早期那些伟大英王和王后佩戴过的王冠已经找不到了。

国王及其亲属为了发动战争、重建毁于大火的王宫和举办王室婚礼,不得不卖掉许多珍宝。中世纪,国王通常在作战时带上御宝,因为他们不信任留在宫中的皇亲国戚。1648年,英国爆发的反王权运动对英国王室冲击极大,很多珍贵王冠和权杖流失了。

1660年,英王室复辟以后,开始大规模地重新制作王冠和权杖,从那时到现在,很多稀世珍品都被保存了下来。随着王室的发展,从18世纪开始,英王室有了专用的珠宝工匠,他们用非凡的技艺制作出最精美的首饰。

随着势力的不断扩张,英国成为世界最强大的殖民帝国。其中殖民地印度和南非都以出产钻石及珍稀宝石闻名,这两地向英王室供应了无数极品钻石。而一些弱小的国家也愿意把本国最珍贵的珠宝献给英国,他们大多怀着破财免灾的想法。

王室成员都根深蒂固地习惯于把珠宝换来换去。本以为镶嵌在爱德华一世入棺时所戴戒指上的一枚蓝宝石,却闪耀在"帝国之冠"上,这顶王冠上还镶有两串珍珠。据报道,那正是苏格兰女王玛丽1587年被斩首时戴的项链。19世纪的君主维多利亚女王尤其热衷于收藏珠宝,从帝国各地搜罗来的奇珍异宝令她陶醉不已。她的珍品中包括一枚拇指大小的印度钻石,名叫"光明之山",是现今发现的最古老的钻石,于1304年发现于印度,原重191克拉,后来维多利亚女王嫌它光泽度好,要再不加工,最后它被磨得只剩108.93克拉。正是这枚被镶

维多利亚女王像

嵌在女王王冠上的钻石激发了威尔基·科林斯的灵感，写出了《月亮宝石》这部经典作品。

"库里南1号"

然而，在有史以来最大的钻石"非洲之星"面前，"光明之山"也相形见绌。1905年南非发现了重达3106克拉的钻石原矿，新开通的跨大西洋电缆将消息迅速传遍全球，当时宝石界行家就估计原矿的价值高达75亿美元。由于南非当时是英国的殖民地，大家一致认为应把它运往伦敦，献给爱德华七世。这件举世无双的珍品使世界各地珠宝大盗想入非非，有关人员花了几个月时间考虑如何保障运输安全。最后，伦敦警察厅决定，最佳原则是"越简单越安全"。

大如茄子的钻石被装进一个没有任何标识的包裹邮寄出去，一个月后出现在白金汉宫的皇家邮袋里。1908年2月10日，这颗巨钻被劈成几大块后加工。加工出来的成品钻总量为1063.65克拉，全部归英王室所有。最大的一颗钻石取名为"库里南1号"，也被称做"非洲之星"，重530.02克拉。

第二大的被命名为"库里南2号"，重317.4克拉。现如今鸡蛋大小的"非洲之星"被镶嵌在英王的权杖顶端，权杖上还有2444颗钻石。鸽子蛋大小的"库里南2号"被镶嵌在英王室最重要的王冠"帝国王冠"上。

人类开采、利用钻石的历史已近几千年，但大于20克拉的钻石就极为罕见，而大于100克拉的钻石更被视为国宝。这样国宝级的钻石在英王室的收藏中就有好几颗。

现在王室已不再盲目追求将最大的钻石全部集中在王冠上。要知道威廉四世1830年加冕时就因为闹出笑话而未能尽兴。这位喜爱奢华的君主坚持把所有钻石和宝石镶嵌到王冠上。结果王冠太沉，国王的脖子一阵剧痛，不得不中断加冕典礼，随后拔掉一颗钻石。

英王室拥有22 599件宝石和宝器，实际价值难以统计。

"库里南2号"王冠

"阿托卡夫人号"沉船

西班牙对殖民财富的掠夺采用了最野蛮的方式,当时南美洲被证实富含金银矿和其他稀有资源,于是西班牙殖民者在新大陆唯一的工作就是开采和经营矿山。一船又一船的金银财宝成为殖民掠夺的罪证。

海底宝藏创意图

西班牙的运金船最害怕海盗和飓风,为了对付海盗,每艘船队都配备有大炮、船身坚固的护卫船,"阿托卡夫人号"就是这样一艘护卫船。

1622年8月,由29艘船组成的船队载满财宝从南美返回西班牙。由于是护卫船,大家把最贵重、最多的财宝放在"阿托卡夫人号"上,遗憾的是"阿托卡夫人号"的大炮对飓风没有什么威慑力。当船队航行到哈瓦那和古巴之间的海域时,飓风席卷了船队中落在最后的5艘船。

"阿托卡夫人号"由于载重太大，航行速度最慢，成为首当其冲的袭击目标。船很快沉到距离海平面的17米的位置。其他船只上的水手马上跳下水，希望能抢救出一些财宝，但是就在他们找到残骸，准备打捞金条时，又一场更具威力的飓风袭来，所有水下的人都在飓风中丧生。

　　梅尔·费雪给自己的定义是寻宝人。1955年他成立了一个名叫"拯救财宝"的公司，专门在南加州一带的海域寻找西班牙沉船。20年的打捞生涯里，费雪先后打捞起6条赫赫有名的西班牙沉船，成为圈中名人，也赚了大把钞票。

　　不知不觉，费雪到了该退休的年龄，不过他不愿意离开打捞船，因为他曾发誓一定要找到传说中有着最多财宝的"阿托卡夫人号"。于是全家人为这

搜寻"阿托卡夫人号"

"阿托卡夫人号"

个理想运转,费雪的妻子、儿子和女儿陪着父亲一起下水,在海底寻找梦想。他们的搜寻一丝不苟,看到不是石头的东西都要用金属探测器探测。

1985年7月20日,费雪和家人找到了"阿托卡夫人号"和上面数以吨计的黄金,不过这种喜悦却被30年的艰难磨得平淡。费雪认为上帝一定会让他找到"阿托卡夫人号",只不过一直考验他的耐心而已。

这个号称海底最大宝藏的沉船上有40吨财宝,其中黄金就有将近8吨,宝石也有500千克,所有财宝的价值约为4亿美元。费雪寻找"阿托卡夫人号"的故事在美国竟成为了类似中国"铁杵磨成针"的故事,"寻找阿托卡"也成了常用短语,意思是坚持梦想,必会成功。

"阿托卡夫人号"上的宝藏完全是以量取胜,以吨计的黄金和一个家庭30年的探寻使它排在世界十大宝藏的第三位。

富可敌国的赫氏堡

赫氏堡是有史以来最豪华的私人住宅，是20世纪20年代美国传媒巨人威廉·伦道夫·赫斯特的私人城堡。在赫斯特事业的巅峰时期，他拥有两座矿山，数不清的地产，26家报纸，13家全国性刊物，8家广播电台和许多其他新闻传媒产业。当时赫斯特每天能赚5万美元，这个数字相当于现在的500万美元。

每个成功人士都想修建一座梦想中的住宅，赫斯特也一样。1919年，他开始构思修建一座举世无双的私人城堡。赫氏堡建在距洛杉矶360千米的圣西蒙。这里从太平洋沿岸开始到桑塔露西亚山土地都是赫家的私产。那广袤的草场，绵延的山丘，举目可望的海景，在赫斯特心中有不可替代的位置。到1919年，他能够实现城堡之梦时，毫不犹豫地选择了此地作为基址。

赫氏堡是由朱莉亚·摩根设计的，她是世界上最早从事建筑设计的女性之一。不过精通艺术的赫斯特在施工的同时给予摩根很多建议，其中大部分是关于如何将几千件古董收藏填进房间而又不显突兀，好像那些古董几百年来一直在那里一样。

1925年的圣诞节，赫斯特一家正式搬进了城堡。随后著名的艺术家、文学家、好莱坞明星、政客、将军纷纷被邀请到赫氏堡

做客，当音乐家萧伯纳参观完赫氏堡后感慨地说："如果上帝有钱，他大约也会为自己修建这样的住所。"

赫氏堡的豪华超越所有人的想象，因为其中的艺术珍品是无价的。赫斯特一生酷爱收藏艺术品，家具、挂毯、绘画、雕塑、壁炉、天花板、楼梯，甚至整个房间都是他的收藏对象。他的收藏大多布置在城堡的房间内供人欣赏和使用，丝毫没有将藏品作为投资以期升值等功利思想。因为有了这些艺术品，整个城堡平添了浓浓的艺术气息和典雅的风韵。

赫氏堡的主楼共有115个房间，计有卧室42间，起居室19间，浴室61间，2个图书室，1个厨房，1个弹子房，1个电影厅，1个聚会厅，1间大餐厅。除此之外，还有3栋独立的客房，整个山庄共有房间165间。

位于城堡主入口处的室外游泳池叫海王池。按照萧伯纳的逻辑，海王爷本人游泳的地方一定比这儿差远了。泳池长32米，深1~3米，所蓄的1300吨水是从山上引来的泉水。

赫氏堡

海王池

池边散落着几尊希腊罗马神话传说中的人物雕像,全部是艺术珍品。

室内游泳池叫罗马池,是世界最豪华的泳池。墙壁、池底、岸边、跳台等用了 1500 万块在威尼斯制造的玻璃马赛克拼贴表面。金色的玻璃马赛克表面贴的是一层真金。单是生产这些马赛克就花了 1 年 3 个月的时间,整个泳池的修建则历时 3 年。

城堡中的大图书室是专为客人布置的。那里收藏的手稿、绝版书、善本书全部是世所罕见。书柜顶和书桌上放置的是公元前 2 世纪到 8 世纪希腊的陶罐,书桌和扶手椅是核桃木的古董。这曾经让来做客的丘吉尔声称自己可以足不出户在该图书室待好几个月。

整座城堡只有一个餐厅,餐厅内的布置是赫斯特的骄傲。进入餐厅你会以为自己到了天主教堂或修道院。餐厅墙上挂的是 16 世纪法国佛兰德壁毯,椅子是 14 世纪西班牙唱诗班的长椅,天花板是 17 世纪意大利的木制天花板,上面雕刻的圣徒像比真人还大。房间尽头的大壁炉可以容下三四个人而丝毫不用

弯腰低头，也不拥挤。壁炉上挂的一排旗帜是16世纪意大利锡耶那城举行宗教赛马活动时胜利者的旗子。桌上银制的餐具和烛台是17到19世纪英国、西班牙、法国等地的精品。

赫斯特热爱动物，赫氏堡所在的牧场上建有一个动物园，是全球最大的私人动物园。赫斯特也热爱大自然，修建赫氏堡时，有许多大橡树挡住了路，赫斯特宁肯花几千美元将树移走，也不愿简单地将它们伐掉。

光是修建赫氏堡的费就高达1000万美元，这在当时相当于一个国王的身家。如果计算上所有古董和艺术品的价值，谁也说不清赫氏堡到底值多少钱。赫斯特去世后他的儿子们决定将城堡捐赠给加州政府，使整个产业得以向公众开放，让世人共同领略迷人山庄的魅力。

赫氏堡

消失的罗亚尔港

罗亚尔港位于牙买加岛。牙买加本岛在公元前5世纪便已成为印第安人阿拉瓦克族的居住地。1538年,西班牙人在岛上建立西班牙城,作为牙买加首府。

16世纪,中、南美洲是西班牙的天下,殖民强盗搜刮了大量金银财宝,一船船运回欧洲。在入侵西半球方面,英国落后西班牙一步,除控制北美洲北部地区以外,很难染指西班牙的势力范围。心理不平衡的英国嫉妒西班牙抢到的巨额财富,就怂恿海盗专门袭击西班牙的船只,并为之提供庇护所。

与此同时,欧洲一些亡命之徒沦为海盗,在美洲沿海抢劫过往商船,特别对抢劫西班牙皇家的运金船更感兴趣。1670年,按照马德里条约,西班牙正式将牙买加等地割让给英国。英国政府当时专门开辟出牙买加岛东南岸的罗亚尔港作为海盗的基地,罗亚尔港于是成为历史上海盗船队的最大集中地。

罗亚尔港的公开身份是牙买加首府,非公开身份是"海盗首都"。海盗抢夺来的金银珠宝在这里堆成山,一船船金子有的时候都轮不到卸船,只有停放在港口里等候。这里虽然只有几万人生活在这里,其中大约6500人是海盗,但城市的奢侈程度

远远超越当时的伦敦和巴黎。整个城市没有任何工业，却可以享受最豪华的物质生活，中国的丝绸、印尼的香料、英国的工业品一应俱全，当然最多的还是金条、银条和珠宝。

1692年6月7日，罗亚尔港仍像往常一样热闹，酒馆人声嘈杂，销赃市场顾客如云，各式船只频繁进出港口，满载着工业品的英国船在码头卸货，美洲大陆的过境船在修帆加水。海盗船混迹其间，一般人难以辨别出来。

中午时分，忽然大地颤动了一下，接着是一阵紧过一阵的摇晃。地面出现巨大裂缝，建筑物纷纷倒塌。土地像波浪一样在起伏，地面同时出现几百条裂缝，忽开忽合。海水像开了锅，激浪将港内船只悉数打碎。穿金戴银的人在屋塌、地裂、海啸的交逼下疯狂奔走，企图找一个庇身之所。11时47分，一阵最猛烈的震动后，全城三分之二没于海水底下，残存陆地上的建筑物也被海浪冲得无影无踪。

牙买加岛风光

罗亚尔港从此消失在大海中，直到1835年，在风平浪静的日子里，人们仍能清楚地看见海底城市的痕迹——一些沉船、房屋依稀可辨。当时测量，沉城处于海平面之下7~11米。再以后泥沙和垃圾层层覆盖，罗亚尔港便在人们的记忆中湮灭了。

罗亚尔港部分宝藏

牙买加独立以后，政府一直没有放弃寻找这个海葬城市。1959年，牙买加政府和海下考古学家罗伯特·马克思签订挖掘条约。条约规定马克思只负责挖掘，而挖出的所有财宝都归牙买加政府所有。在之后的时间里，马克思找到了一部分城市遗址，并挖出了价值几百万美元的珠宝和大批生活用品。其中，最有历史价值的是一只怀表，表针指向11时47分，由此确认了古城沉没的时间。而最有趣的是一尊没有头的雕像，专家研究证实这是中国人信奉的观音。4年以后，马克思以"再也挖不到财宝"为由离开牙买加。所有的人都不相信罗亚尔港只有这一点儿财宝，但谁也猜不出马克思离去的真实原因。

1990年，美国得克萨斯州大学接到牙买加政府的邀请，再次开始罗亚尔港的挖掘工作。该大学的专家准确找到了罗亚尔港的主要沉没地点，他们发现当年马克思挖出来的宝藏只是非常小的一部分，99%的宝藏还沉在海水里。

2004年6月，从大洋彼岸传来一条新闻：美国阿德默勒蒂公司开赴牙买加，"海盗都城"罗亚尔港附近海域的300艘沉船上的宝藏有望重见天日！

据报道，牙买加政府已收回了此前颁布的禁止打捞海底沉船宝藏的禁令，并向这家美国公司颁发了相关许可证。在这家美国公司的此行打捞计划中，有一条1730年沉没的西班牙大型帆船，船上载有数吨黄金和白银，估计价值高达6亿美元左右。根据他们与牙买加政府达成的协议，在扣除挖掘费用后，牙买加政府将和阿德默勒尔蒂公司平分发现的珍贵金属和宝石，其他所有珍贵历史文物将属于牙买加政府。

海盗船

消息出来，立刻遭到了大多数牙买加人的反对。有些人气愤地把牙买加政府的这种行为看作是"挖祖坟"，并把那家美国公司称之为"现代海盗"。

现在罗亚尔港宝藏的寻找工作还在继续。没有人知道这个被海葬的海盗首都到底还能给人类带来多少惊喜。

丹漠洞遗址宝藏

爱尔兰的基尔肯尼郡是一个风光旖旎的地方，也是一个神秘的遗址，是爱尔兰最重要的旅游城市之一。每年都有数以万计的游客来到基尔肯尼，他们必定参观的地方是丹漠洞遗址。

丹漠洞被称为爱尔兰最黑暗的地方，因为这个洞穴记录了一次惨无人道的大屠杀。公元928年，挪威海盗来到爱尔兰，对基尔肯尼附近一带进行洗劫。当时居住在丹漠洞附近的居民为了逃命，在海盗袭来的前几个小时集体躲到洞中。

丹漠洞是一个巨大的溶洞，洞里地形复杂，有成串的小洞穴一一相连，避难的人认为这是绝佳的藏身之地。他们幻想海盗抢完能抢的东西后就会离开。然而丹漠洞的入口太过明显，海盗很快发现了洞中藏人的秘密，一场血腥的大屠杀开始了。海盗进入洞里，把所有发现的人都杀死

基尔肯尼郡

了，估计有1000多人，然后守在洞口半个月，没有当场被杀死的人后来都因染病而死或者饿死了。

在之后将近1000年的时间里，丹漠洞成了爱尔兰的"地狱入口"，再没有一个人敢进入洞中。直到1940年，一群考古学家对丹漠洞进行考察，仅仅在一个小洞穴里就发现44具骸骨，多半是妇女和老人的，甚至还有未出世的胎儿的骨骼。骸骨证实了丹漠洞曾经发生的悲剧，1973年这里被定为爱尔兰国家博物馆，每年都会迎接无数游客前来纪念那些惨遭屠杀的人。

然而，丹漠洞的故事到这里还没有结束。1999年，一个导游的偶然发现证实，这里不仅是黑暗历史的纪念馆，沉默的洞穴中还隐藏了永恒的宝藏。

丹漠洞

1999年冬天，一个导游准备打扫卫生，因为寒冷冬季是旅游淡季，丹漠洞将关闭一段时间。他准备仔细清理游客留下的垃圾，所以去了很多平时根本不会去的洞穴。

在一个离主路很远的小洞里，导游突然看到一块绿色的"纸片"粘在洞壁上,他以为那是一张废纸。走上前去,赫然发现那根本不是什么纸片,而是什么东西从洞壁的狭缝中发出闪闪绿光。导游用手指往外抠,结果抠出一个镶嵌着绿宝石的银镯子。

诚实的导游马上将发现报告政府,在接下来的3个月里,爱尔兰国家博物馆的工作人员从那个狭缝中挖出了几千枚古钱币,一些银条、金条和首饰,另外还有几百枚银制纽扣。这些东西应该是当时躲藏的人随身携带的。也许为了让财物更安全,他们把值钱的东西集中然后藏在一个隐蔽小洞里,甚至把衣服上的银纽扣都解了下来。

海盗之所以屠杀所有的人,也许和没能发现这些财宝有关。由于在潮湿的洞里呆了1000多年,挖出来的东西都失去了金属原有的夺目光彩,国家博物馆的几十个专家工作了几个月才让所有艺术品和钱币重现光彩。

丹漠洞遗址宝藏是爱尔兰最重要的宝藏,被收藏在国家博物馆,一直没有完全对外展示。虽然宝物数量不是很多,但其历史价值和考古价值远远超过其本身价值。

考古人员认为,有一些工艺品和纽扣的样式十分古怪,在所有和海盗有关的文物中都是独一无二的。在丹漠洞中被杀害的人现在可以安息了,他们为之丧命的财宝现在成了爱尔兰的国宝,将永远聆听世人的惊叹和赞美。

黑格的陨石收藏

天上掉馅饼是不太可能的,但是从天上掉下和黄金一样值钱的东西却有可能,那就是很多人都想不到的陨石。陨石收藏现在越来越被投资家、收藏家所关注。一方面陨石的市场价值被开发和炒作,另一方面在盛世收藏的驱使下,陨石也作为一种稀缺资源被人们关注。

罗伯特·黑格有双重身份,一方面是加州大学洛杉矶分校的教授,另一方面是全球最权威的陨石收藏家。从23岁起,黑格就开始收集陨石,黑格拥有的陨石成为世界上最大的私人陨石收藏。虽然自1990年便有其他人进入这个行当,但从实力和收藏规模来说还没有人能和黑格相比。

最初黑格收集陨石只是出于兴趣,但后来他发现陨石因为稀有而珍贵,也可以卖好价钱。目前在专业的陨石市场上,贵的价格每克超过8美元,几乎和黄金价格一样。就算最一般的每千克也在30美元左右。如果是含有稀有金属的陨石,那么价格就难以计量了。

黑格收集陨石的经历很像电影《夺宝奇兵》的情节,充满惊险、刺激和传奇色彩。为了寻找从天而降的财富,他的足迹遍及地球上除南极以外的所有大陆。在智利、纳米比亚、澳大利亚、墨西哥和埃及,他都有在旷野中九死一生的经历。只要美国航空航天局预报什么地方什么时候将会有流星雨,他都会在准确的时间赶到那里。无论在什么地方,无论搭乘什么交通工具。除了自己寻找陨石,他还向当地人收购,当地人只要找到陨石,不论大小,黑格都会用现金收购。

陨石坑

1992年,黑格在阿根廷以重金收购了一块重达37吨的陨石,那是他一生中看到的最大的陨石。但是在把陨石运出海关时,阿根廷政府以走私罪罪名将他逮捕,认为这块罕见的陨石归阿根廷国家所有。后来黑格被释放了,但陨石就被永远留在了阿根廷。

没有流星雨的时候,黑格也会自己搜寻陨石。他主要在非洲

的沙漠地带搜寻,因为那里的陨石从来没被人捡走。黑格驾驶着滑翔降落软翼机在沙漠上方120米的高处慢慢飞翔,只要看到有突出物就降落,然后用金属探测器搜索。一般人认为这样无异于大海捞针,不过黑格20多年来在沙漠中发现的陨石占他私人收藏的相当一部分。

目前,黑格的陨石收藏按市场价计算已经超过3000万美元,随着越来越多人开始收集陨石,他的收藏可能会成倍地增值。

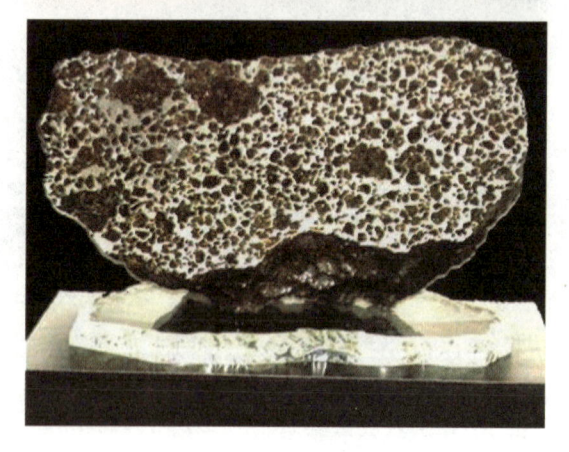

陨石

西潘王的墓室

秘鲁是南美文明古国，境内古文化遗址密布。在秘鲁发现的伟大遗迹有很多，比如说马丘比丘。但是绝大多数遗址都没有宝藏遗留。一方面是因为当时的殖民宗主国西班牙在秘鲁境内翻得底朝天，大部分财宝都被掠夺走了。另一方面，秘鲁民间盗窃文物的现象极为猖獗，当地人只要发现文物马上就一哄而上，一抢而光。

西潘王墓室其实就是被盗墓者发现的。1987年前后，国际文物黑市上频频出现显然是来自秘鲁，但是绝对不属于印加文明的文物。敏感的考古学家阿尔瓦博士意识到这些独特的文物表明很可能又有一个重要遗迹被盗了。

他和助手火速赶到秘鲁北部奇科拉约附近，一边询问一边搜寻，终于在1988年发现了西潘王墓室。西潘王墓隐藏在一个山谷里，位置很隐秘，周围没有任何显著标志，几乎可以说是很卑微，这成为它一直没有被打扰的原因。墓的入口已经被盗墓者打开，整个墓由大小几十个墓室组成，豪华的墓室和丰富的陪葬品让阿尔瓦博士目瞪口呆。

为了继续保护文物不被盗窃，阿尔瓦博士固执地坚持住在

西潘王墓室

墓里,守住入口直到秘鲁国家文物局的官员到达。当地的农民憎恨阿尔瓦断了他们的财路,在洞口威胁说要把他杀死。幸运的是文物最终被保护了。在之后的挖掘工作中,阿尔瓦博士挖到了密封的、从未被进入的西潘王主墓室,他因此也成为世界考古史上的明星。

西潘王是古代莫切人的一位帝王。莫切人生活在公元100年到700年之间,后来被印加人征服。一直以来印加文明是秘鲁古代文明的中心,很难想象在莫切人的古迹中却发现了令印加文物都黯然失色的宝贝。

西潘王的墓室里摆满了琳琅满目的陪葬品,西潘王的尸骨放在墓室的最中间,他的手中抓着一个重达0.5千克、纯金制成的小铲子。他的头上和前胸覆盖着华丽的金制面具,他手臂的骨骼上挂满精美的首饰，就连他的尸体周围都堆满了数不清的首饰和工艺品。

西潘王似乎想把生前收集到的所有财富都带到来生的世界里去。这些还不算全部，最夸张的是，西潘王的四周有几十具陪葬者的尸体，他们中有年轻的女人、侍卫、仆人，而这些人的尸体上无一不是堆满了金银制成的首饰。整个墓穴中，死者的骸骨只是点缀在一堆金银珠宝中的星星白色。阿尔瓦博士说，之前在文物黑市上看到的东西简直没法和西潘王墓室中的发现相比，如果盗墓者先发现主墓室，那么后果不堪设想。

西潘王墓室的发现是整个西半球最辉煌的墓葬文物发现，被喻为新大陆的"图特卡蒙墓"。现在所有的金银首饰和工艺品都被当地博物馆保管。

西潘王墓室宝藏

霍克森村庄的宝藏

英格兰萨福克郡有一个名叫霍克森的小村庄。村子里的人都靠务农为生，他们的生活宁静且平淡。但是1992年11月16日，这种宁静和平淡被打破。霍克森历史上最重要的一天到来了，这个村庄因为一份宝藏被意外发现而名噪全球。

艾瑞克·劳斯是霍克森的一个普通农民。1992年的11月，他打算把自己的住宅改装，为此好朋友和邻居都前来帮忙。11月15日，屋子的装修工程结束了，但一个朋友却告知劳斯自己的锤子不见了。

劳斯从不愿占别人便宜，因此在院子里整整找了一天，但一无所获。他猜想锤子可能被埋到了地下，于是16日一早，他买了一个金属探测器，继续在院子里寻找。

到了中午，金属探测器突然发出警报声，劳斯以为发现锤子了，开始在院子里挖起来，可挖到50厘米深的地方时还没有东西。劳斯并没有打算放弃，随着坑越挖越深，探测器发出的声音也越来越大。

在挖到差不多1.5米深的地方时，一枚银币突然跳了出来。仔细一看，这是一枚古罗马时代的银币，虽然金属已经严重变色,但古罗马帝王头像的浮雕还清晰可见。劳斯继续挖掘,接下来的情景让他一辈子都忘不掉——呈现在他眼前的是一堆古罗马银币,中间夹杂着不少闪闪发光的金币,偶尔还有银制的汤匙和小艺术品,他挖到了一个地下宝藏。

劳斯马上停止挖掘,并向萨福克郡文物管理委员会报告了发现。文物管理委员会的成员以最快速度赶到劳斯家。经过专业人士一天的挖掘,所有宝物都重见天日。其中有14 191枚银币、565枚金币、24枚铜币、一些工艺品、首饰和金块。所有金币都是在公元394年到公元405年之间铸造。全部金币来自13个不同的造币厂,从出厂到埋入地下都只有不到50年的流通时间,所以保存得格外完好。

在一般文物市场上,这种金币是很罕见的,就算有,价格也高得吓人。而一下子发现565枚这样的金币在历史上还是第一次。除了古罗马钱币以外,霍克森宝藏里还有超过79个银汤匙,20多个银烛

古罗马金币

台，一些银制的小雕像和29件纯金制成的、做工精细的首饰。

这些首饰上镶嵌的宝石在被埋藏之前都已经被撬下来，或许宝藏的主人觉得宝石价值高而且容易携带。另外宝藏中还有令人瞠目结舌的重达250千克的纯金块。

在被发现后的第三天，霍克森宝藏被运到英国国家博物馆，在众多顶级考古专家专业目光的审视下它依然灿烂夺目。据考古专家研究，这是历史上古罗马钱币最集中的一次发现，也是英格兰历史上最重要的一次文物发现。

宝藏的主人在紧急情况下把它们埋入地下，希望在一段时间以后重新取回，当时大约是公元440年左右。不知道是什么原因，或许是主人意外死亡，或许是他无法再找到埋藏财宝的准确位置，霍克森宝藏一直被埋藏至今。考古学家分析宝藏的主人生前地位一定显赫，可能突然遭遇变故。不过是到现在为止，他的身份还是一个谜。

现在霍克森宝藏被收藏在英国国家博物馆里，为此博物馆支付了125万英镑给宝藏的发现者劳斯。虽然这些钱和宝藏的价值根本无法相比，但是劳斯很满足，他说就算一分钱都没有，他也不会后悔。

宝藏的发现也为小村庄带来意外之财，很多人涌进村庄寻宝，金属探测器成为最畅销的商品。

俄罗斯的"钻石库"

古代帝王总希望自己的统治能够绵延至永远,就像钻石一样坚固而恒久。这或许就是俄罗斯帝国沙皇彼得大帝开始收集钻石和珠宝的原因。18世纪初,彼得大帝颁布了一道保护珍宝的专项命令,要求国人不准随便变卖家中的珍贵珠宝和首饰,在一定重量以上的钻石和珠宝必须由皇家收购。另外彼得大帝还在世界范围内搜索钻石珠宝,很多小国得知他的心头所好都把本国最好的珠宝亲手献上,希望因此得到庇护和福祉。

彼得大帝在自己居住的圣彼得堡东宫内修建了一座神秘建筑物,所有收集到的珠宝都被珍藏在里面,世人称之为钻石库。

彼得大帝之后,最痴迷于收集珠宝的是女皇叶卡捷琳娜二世。如果世界上每个女人都爱钻石,

叶卡捷琳娜二世

那么最爱钻石的女人就是叶卡捷琳娜二世。

她对钻石的痴迷程度几近疯狂，每天都佩带价值连城的钻饰，而且花样经常翻新。她对钻石切割和镶嵌的工艺要求极高，俄国历史上最出色的钻石切割专家就是在叶卡捷琳娜二世时期出现的。

曾经有个皇宫卫士壮着胆子称赞女皇的钻饰漂亮，他就被升官至侍卫总管。大小官员于是都把进献钻石当成最直接的升官途径。一次女皇过生日，结果在收到的上万件生日礼物中有超过一半是钻石。女皇的钻石不仅镶嵌成首饰，就连她日常用的东西都要镶满钻石。她有一本17世纪的《圣经》，银制的封面上就镶嵌了3017颗钻石。

在几代皇室不停地收集下，俄国的钻石库成为珍贵钻石最集中的地方，其中光世界前10位的大钻石就有3颗。

最出名的是"奥尔洛夫"钻石，这是当时世界第三大钻石，重189.62克拉。17世纪初，在印度戈尔康达的钻石砂矿中发现一粒重309克拉的钻石原石，根据当时印度国王的旨意，一位钻石加工专家拟把它加工成玫瑰花模样，但未能如愿，使重量损失不少，仅磨出189.62克拉。这颗美妙绝伦的钻石后来做了印度塞林伽神庙中婆罗门神像的眼珠。

1739年，印度被波斯国王攻占之后，这颗钻石又被装饰在波斯国王宝座之上。之后钻石被盗，落入一位亚美尼亚人手中。1767年，亚美尼亚人把钻石存入了阿姆斯特丹一家银行。1772年钻石又被转手卖给了俄国御前珠宝匠伊万。伊万于1773年以40万卢布的价格又把钻石卖给了奥尔洛夫伯爵。

奥尔洛夫伯爵把钻石命名为"奥尔洛夫"，并把它奉献给叶卡捷琳娜二世作为她命名日的礼物。尔后"奥尔洛夫"被焊进一只雕花纯银座里，镶在了俄罗斯权杖顶端，被用来装饰叶卡捷琳娜二世的权杖。有着传奇经历的钻饰使权杖的威严令人震慑，"奥尔洛夫"成为钻石库中最重要的藏品之一。

除"奥尔洛夫"之外，钻石库中世界级的钻石还有很多。"保罗一世"重130.35克拉，这颗紫红色美钻曾经镶嵌在印度皇冠的中央，后来被彼得大帝拥有。"波斯沙皇"重99.52克拉，曾镶嵌在波斯国王的王冠上。

"沙赫"虽然只重88.7克拉，但是它是世界上唯一一颗刻字的大钻石。钻石最初也是在印度被发现的，先后被两位印度国王拥有，然后辗转到波斯国土手中。钻石的3个晶面上分别刻有3个国王的名字，每次转手到新主人手中，都会被刻上新主人的名字。要知道钻石极为坚硬，要想在上面刻字难度惊人。宝石工匠从钻石上磨下一些极细的粉末，再用尖尖的细棍蘸取这种粉末给这颗钻石刻字。3次刻字之后，"沙赫"的重量从发现时的95克拉变为88.7克拉。

1829年，俄国驻波斯大使被人刺死，沙皇威胁要报复。为了平息沙皇的怒火，波斯王子霍斯列夫·密尔查率代表团到圣彼得堡谢罪。王子送给沙皇一件宝物，就是这颗

叶卡捷琳娜二世皇冠

饱经沧桑的"沙赫"。它的价值在当时看来相当于两个国家之间的一场战争。此后,"沙赫"一直保存在俄国。

单颗巨大钻石已经令世人惊叹,更何况由几千颗钻石镶嵌成的。流光溢彩的大皇冠简直是钻石荟萃。它是1762年由宫廷珠宝匠为叶卡捷琳娜二世加冕而专门制作的,上面十几颗最重要的钻石分别是从当时欧洲国王的王冠上拆下来的。

工匠在皇冠上镶嵌了4936颗钻石,共重2858克拉,整个王冠重1907克。皇冠顶端是世界上最重的尖晶石,重398.72克拉。长期以来宝石专家都认为这是一颗红宝石,后来才发现原来是稀有的尖晶石。据说这颗尖晶石是俄罗斯"必须保护的七颗宝石"之一,值得一提的是,它还是俄国人以2672金卢布从北京购买的呢。钻石库的珍宝现在已经无法用市场价格来衡量,它成为俄罗斯国家财富的象征,但即便是皇室珍宝,也有流离坎坷的时候。

1914年第一次世界大战爆发后,沙皇立即下令把这些珍宝从东宫转移到莫斯科克里姆林宫。在转移途中,由于走漏消息有很大一部分珠宝流失。据一种说法,大约75%的零散钻石和宝石流入民间。

二战时,俄国也流失了相当一部分珍宝,其中有号称"天字第一号珠宝盒"的琥珀大厅。1711年,普鲁士国王弗雷德里克一世下令建造一个琥珀室。琥珀室呈方形,占地约200平方米,共用了6吨琥珀,上面饰满了钻石、绿宝石和红宝石。它的价值不仅表现在财富的惊人集中,而且还是一件巴洛克艺术的杰作。

5年后,弗雷德里克一世的儿子威廉一世皇帝为了庆祝普鲁士与俄国结盟,将琥珀室送给彼得大帝,彼得大帝将琥珀室收入钻石库。18世纪中叶,叶卡捷琳娜二世命令工匠对这座大厅

进行装修，琥珀室成为一个富丽堂皇的大厅，变成了琥珀厅。1770年修饰最终完成时，大厅华丽得让人

叶卡捷琳娜二世权杖

眼花缭乱，565支蜡烛照亮整个大厅，烛光洒在珠宝上流光四射，令人目眩神驰。

1941年秋天，侵略苏联的德军占领了原叶卡捷琳娜二世的皇宫。希特勒下令将琥珀大厅拆散，把它们装入27个柳条箱运回德国，安放在克罗列维茨市，即今天的加里宁格勒。

1943年，战局急转直下。大厅重新落入苏军之手，琥珀厅又被德国人拆卸装箱，分别藏在条顿骑士城堡和附近的防空洞里。1944年8月，盟军轰炸克罗列维茨市，将条顿骑士城堡夷为平地。从此，琥珀厅下落不明。无数的寻宝人在找寻琥珀大厅，但仍没有消息。

保留下来的钻石库在克里姆林宫的地下室里尘封了8年。1922年，这些珍宝被作了鉴定，并决定由国家珍宝馆保存，后由俄罗斯有关部门管理。虽然遗失了不少珍宝，但钻石库里还有25 300多克拉的钻石、1700克拉大颗粒蓝宝石、2600克拉小粒蓝宝石、2600克拉红宝石和许多又大又圆的优质精美珍珠。

洛豪德岛的海盗遗产

在澳大利亚,有一个名为洛豪德的小岛,该岛并非鸟语花香、景色宜人的胜地,然而岛不在美,有宝则名。相传岛上藏有无数财宝,周围海底也铺满耀眼炫目的宝石。

17世纪70年代,一位名叫威廉·菲波斯的人,在偶然中发现一张有关洛豪德岛的地图,图上标有西班牙商船"黄金"号的沉没地,他惊喜若狂,感觉到一个发财的机会到来了。原来,"黄金"号商船有一段神秘的故事,那是在16世纪50至70年代,西班牙人沿着哥伦布的航迹远征美洲,从印第安人手里掠夺了无数金银珠宝,然后满载回国。

然而,他们的行动被海盗们觉察了。于是,海盗们疯狂袭击每一艘过往的商船,惨杀船员,抢夺了大量财宝。如山沉重的财宝,海盗们无法全部带走,于是将剩余部分埋藏在洛豪德岛,并绘制了藏宝图,海盗们发血誓表示严守秘密,以图永享这笔不义之财。

传说中的宝藏

洛豪德小岛

海盗终归是海盗,哪有信用可言,一些阴谋者企图独吞宝藏,一时间血肉横飞,一场火并留下了具具尸体,胜利者携带藏宝图混迹天下,过着花天酒地、骄奢淫逸的生活,而藏金岛的传说也不胫而走,风靡世界。菲波斯怀揣这张不知真假的藏宝图,登上荒岛,四处勘察,然而一无所获。

正当他徘徊海滩时,无意中脚陷入沙中,触及一块异物,经发掘是一丛精美绝伦的大珊瑚,在珊瑚内竟藏有一只精致木箱,箱中盛满金币、银币和珍奇宝物。菲波斯狂喜万分,他在岛上待了3个月,疯狂地寻觅,整整30吨金银珠宝装满了他的纵帆船,他实现了发财梦。

菲波斯发横财的消息像飓风一样传开去,一股寻金热席卷洛豪德岛以及附近海域,流浪汉、冒险家甚至王公贵族们都不远万里来到这个荒岛。人们认为菲波斯发现的财宝仅是海盗遗产中很少很少的部分,那么更多的宝藏又在哪里呢?

一时间出现了许多真真假假的"藏宝图",充斥欧洲,高价出卖,不少发财狂们重金购买,不惜血本,结果呢?不少人或葬身海底,或暴死荒岛,或苦苦寻觅,久远踪影。海盗的遗产成了一个充满诱惑的谜团。

"圣荷西"号沉船的珍宝

早在1702年,西班牙历史上著名的"黄金船队"就在大西洋维哥湾被英国人击沉,从而留下探宝史上一大遗案。那时,西班牙财政困窘,一支由17艘大帆船组成的庞大船队遵命载着从南美洲掠夺的金银珠宝火速运回西班牙,其间将经过一段最危险的海域。在6月的一天,正当"黄金船队"驶到亚速尔群岛海面时,突然一支英、荷联合舰队拦住去路,这支150艘战舰组成的舰队迫使"黄金船队"驶往维哥湾躲避。

面对强敌的包围,唯一而且最好的办法是从船上卸下财宝,从陆地运往西班牙首都马德里,但偏偏当局有个奇怪的规定:凡从南美运来的东西必须首先到塞维利亚市验收。显然不能违令从船上卸下珍宝,侥幸的是在皇后玛丽·德萨瓦的特别命令下,国王和皇后的金银珠宝被卸下,改从陆地运往马德里。在被围困了一个月后,英、荷联军约3万人在鲁克海军上将指挥下对维哥湾发起猛攻。

3115门重炮的轰击,摧毁了炮台和障碍栅,西班牙守军全线崩溃,由于联军被眼前无数珍宝所激奋,战斗进展迅速,港湾很快沦陷,此时"黄金船队"总司令贝拉斯科绝望了,他下令烧毁运

"圣荷西"号沉船

载金银珠宝的船只，瞬时间，维哥湾成为一片火海，除几艘帆船被英、荷联军及时俘获外，绝大多数葬身海底。

这批财宝究竟有多少？据被俘的西班牙海军上将恰孔估计：约有4000~5000辆马车的黄金珠宝沉入了海底。尽管英国人冒险多次潜入海下，也仅捞上很少的战利品。于是，这批宝藏强烈吸引着无数寻宝者。

从此，在近1000海里的海底，出现了一批批冒险家的身影，他们有的捞起已空空如也的沉船，有的却得到了纯绿宝石、紫水晶、珍珠、黑琥珀等珠宝翡翠，有的仍用现代化技术和工具继续寻觅。随着岁月推移，风浪海潮已使宝藏蒙上厚厚泥沙，众多传闻又使宝藏增添了几分神秘，无疑给冒险带来了太多的麻烦。

不幸的是那部分由陆地运往马德里的财宝，在途中有一部分被强盗抢走。这部分约1500辆马车的黄金，据说至今仍被埋藏在西班牙庞特维德拉山区的一个鲜为人知的地方，这显然又像一块巨大的磁铁吸引着梦想发财的人们。

1983年，哥伦比亚公共部长西格维亚正式庄严宣布："圣荷西"号是哥伦比亚的国家财产，不属于那些贪得无厌的寻宝者。人们估计，哥伦比亚政府已经勘察出沉船的地点了，尽管打捞费用高达3000万美元，但它与这批宝藏相比就算不了什么。如今，打捞可能开始进行了。其结果如何，仍是未知数。

古印加奇姻国的国王陵墓

16世纪下叶，一位名叫古特尼茨的西班牙商人探险来到此地，他由一位印第安部落头人引路，穿过错综复杂、九曲十折的地下迷宫，来到这座地下的国王陵寝，瞬间，这位青年商人被金光灿烂的黄金珠宝照耀得不知所措，这座陵寝内摆满珍奇珠宝，其中包括一些镶有翡翠眼睛并用黄金铸造的鱼，印第安头人平静地告诉面前这位惊恐万分的西班牙人，只要他协助建设当地的公共工程，这些黄金便全归他了。

无须犹豫，这无疑是一个千载难逢的良机，古特尼茨拼命点头，于是他如愿以偿以一个巨富的姿态返回西班牙。至于古特尼茨捞得多少黄金可能永久成为未知数，但根据1576年的西班牙税收记录记载，古特尼茨不仅向国王密报了这处"小鱼"宝藏，而且慷慨地奉献了900磅黄金为税金，可见他得到了多少财富。

然而，在他之后的无数探宝者却没有这种运气，但总有人提供激动人心的线索：在当地废墟下面，隐藏有一处"大鱼"宝藏，里面摆满更多陪葬的黄金物品。此说真真假假，为陵寝蒙上了一层迷雾，而揭开这层迷雾，则有赖于考古学家的运气了。

亚马逊密林的黄金城

古代有一个以南美秘鲁为中心的印加帝国,十分强盛,京城内所有宫殿和神殿都是用大量金银装饰而成的,金碧辉煌,灿烂无比。

16世纪初,西班牙人推翻了印加帝国,掠夺了所有黄金宝石,西班牙统帅庇萨罗听说印加帝国的黄金全是从一个叫帕蒂的酋长统治的玛诺阿国运来的,而且那里金银财宝堆积如山,庇萨罗立即组织探险队,开赴位于亚马逊密林深处的黄金城。

然而在这个广袤无垠的原始森林里,每前进一步都意味着恐惧和死亡,这里有猛兽毒蛇,有野蛮的食人部落,有易迷失的道路和未知的威胁,一支支探险队或失望而归,或下落不明,使庇萨罗遥望这片森林只有以想象回味了。

随后,西班牙

印加帝国

人、葡萄牙人、英国人、荷兰人和德国人风闻黄金城的消息,谁都想一攫千金,于是蜂拥而至,深入亚马逊密林。其中,有位叫凯萨达的西班牙人率领约716名探险队员向黄金城进发,在付出550条性命的惨重代价后,终于在康迪那玛尔加平原发现了黄金城和传说中的黄金湖,找到了价值300万美元的翡翠宝石,然而这仅是黄金城难以估价的财宝中的微小部分。传说中的黄金湖就是哥伦比亚的瓜达维达湖。

17世纪初,印第安族最后一位国王的侄儿向人们描述了在黄金湖畔所举行的传统加冕仪式:当时,王位继承人全身被涂上金粉,如同黄金塑就,然后在湖中畅游,洗去金粉,他的臣民纷纷献上黄金、翡翠,堆在他的脚旁,这位新国王将所有黄金丢进湖中,作为对上帝的奉献,这种传统仪式举行过无数次,可见黄金湖诱人的蕴藏量。16世纪以来,对黄金湖的打捞一直没有停止过。

1545年,一支由西班牙人组织的寻宝队,在3个月时间内就从较浅的湖底捞起几百件黄金用品。1911年,英国一家公司挖了一条地道,将湖水抽干了,但太阳很快地把厚厚的泥浆晒成干硬的泥板,当英国人再从英国运来钻探设备时,湖中再度充满湖水,这次不惜代价的打捞归于失败。

1974年,哥伦比亚政府担心湖中宝藏落入他人之手,出动军队来保护这个黄金湖,从此再也无人能够接近这批宝藏。于是,神秘的黄金湖便成为一个无法揭开的谜底了。

神秘失踪的琥珀屋

　　18世纪初，以追求豪华生活而著称的普鲁士国王腓特烈一世心血来潮，异想天开，建造了一座被他称为世界第八奇观的琥珀屋。

　　琥珀屋约55平方米，全部用琥珀板镶成，室内的装饰板也全部用带银箔的琥珀板镶成，堪称旷世珍宝，世界一绝。不久，为

琥珀屋

了讨好俄国,腓特烈一世将这稀世之宝作为礼物送给彼得大帝。彼得大帝病逝,继位的女皇又对琥珀屋加以扩整,使之更加精美、珍贵、华丽,成为皇宫里的一颗璀璨明珠。

二次大战期间,德军占领苏联,一个以掠夺文物为目的法西斯组织将琥珀屋拆卸装箱运往柯尼斯堡。战后,苏联的一个寻找琥珀屋的组织根据一个德国人的指点,在波罗的海水中打捞起17个箱子,可是箱内装的不是琥珀屋,而是滚珠和轴承。

重新研究大量材料后,寻宝人员发现德国一位研究琥珀极有造诣的艺术教授罗德博士是位知情人,原来罗德曾经不仅从纳粹手中接收了琥珀屋,并亲自为它编排了目录,举办过小范围展览,而且在法西斯失败前曾下令拆卸琥珀屋,但是罗德对琥珀屋的确切收藏位置模糊不清,正当他继续寻找线索时却不明不白地死了。

搜寻队又将线索转向一位名叫库尔任科的苏联妇女身上,她曾与罗德一块共事,并负责保管被认为是包括琥珀屋在内的艺术展品。这位妇女回忆说:在德军撤退时,一群军人曾歇斯底里地破坏这些艺术品,接着城市又燃起了熊熊大火,那些展品和放置它们的城堡被烧成灰烬。

因此出现这样一个问题:琥珀屋是否就混同在这批艺术品中?线索中断了,但并没有阻止搜寻队的行动,而且不少德国人也纷纷协助寻找琥珀屋。一家杂志社甚至登出广告,号召人们提供有关琥珀屋的线索,一时间,从柏林、莱比锡、慕尼黑、汉堡等地来的信件犹如雪片飞向编辑部。

一位青年提供了一条有价值的情报,他的父亲乔治·林格尔曾是纳粹的军官,具体过问并执行了掩藏琥珀屋的命令,并在生前曾亲口告之,琥珀屋藏在一个名为斯泰因达姆的地下室。这份情报又给人注射了一针兴奋剂,搜寻队推断,琥珀屋至今未转移出罗德博士所在的那座城市,也许它仍在一个地下室静静地沉睡着,揭开琥珀屋之谜实在是件不易的事情。

琥珀屋

葬于海底的加州金矿

1849年，美国加州发现金矿，一时间便掀起淘金热，西部和东部的冒险者云集此，为一寸矿地而争夺、火并、流血。整整8年后，人们带着用血汗换来的黄金，准备回家，结束这种残酷危险的日子。

一大群淘金者风尘仆仆，带着他们的妻子、孩子，辗转万里，开始了又一种恐惧的行程。他们从旧金山搭船到巴拿马，再搭骡车横越巴拿马地峡，最后乘船驶往纽约。这群人离开巴拿马两天后，也就是1857年9月10日，所乘坐的"中美"号汽船遇上了意料不到的灾难，这艘小小的汽船有750余人，吃水太紧，加上遇到飓风，狂风暴雨的袭击使船舱破裂，海水渗了进来。

人们发现船帆被强风吹断，锅炉的火熄灭了，一望无际的大海使这群人感到绝望。他们组成自救队，妇女和儿童被送上救生艇，全部获救，但423名淘金汉连同那无法估量的黄金葬身海底。那些幸存者们个个已无法确定沉船的准确方位，这批加州黄金宝藏的下落成为一个谜团。

一位著名的寻宝专家名叫史宾赛，他曾寻获过几艘在美国内战中沉没船只，对这艘载有黄金的"中美"号汽船表示了强烈兴趣。他已花费了数年时间寻找"中美"号，并深信已找到该船沉落的确切地点，并希望打捞出这批黄金。史宾赛似乎为解开加州宝藏之谜带来了一线光明。

中国篇

陕西省法门寺地宫

宝鸡法门寺地宫，打开了佛教和盛唐王朝的宝藏，是世界上迄今为止发现的年代最久远、规模最大、等级最高的佛塔地宫，面积仅31.48平方米，在清幽灯光照射下，尤显神秘。地宫是为保全安奉佛指舍利之所，放大百倍后的地宫，可容纳2000多人在其中活动。室内大厅建筑面积2.4万多平方米，可容纳2万多人举行活动。

1987年4月3日，法门寺佛塔施工现场，人们意外地发现了一个洞口。传说洞里是一个地宫密室，而且有许多青蛇盘踞其中。手电光划过洞内密室，里面文物清晰可见。那些令人困扰又让人兴致勃勃的谜，在持续发掘中，以出人意料的方式和人们重新见面。

法门寺地宫里，传说有佛祖释迦牟尼的真身舍利。1981年8月24日夜晚，伫立在法门寺中的唐建佛塔，因年久失修和雨水侵袭，中部出现裂缝，佛塔遭到了严重破坏。令人震惊的是，佛塔东北边的部分基本上已经完全坍塌，而剩下的西南一边虽然出现倾斜，却仍然神奇地矗立着。

在普通的外表下，法门寺佛塔可谓大有来头。佛经上记载，阿育王于公元前3世纪统一印度,连年的征战,建立印度历史上第一个帝国之后,为救赎战争中的杀戮,阿育王开始力推佛教。

为此,他派出了大量僧众和信徒去到国外,宣扬仁慈和非暴力,大力弘扬佛法。传说阿育王在世界各地建造了数座佛塔,供人们礼敬佛祖。其中中国分布有19座,最早的法门寺佛塔,即是其中之一。传说,法门寺中一个神秘地宫里供奉了佛祖释迦牟尼的真身舍利。那么真身舍利是什么?其中又有怎样的故事?

对于残塔的处理,上级主管部门极为重视。反复论证的结果,形成了两个方案。一个方案是把塔拆除后重新修建,另外一个方案是保护半边塔。

鉴于佛塔倒塌的情况十分罕见,修复工作必须按照一系列严密程序进行。但在考古专家掌握了大量一手资料后,发现先前确定的那个方案执行起来困难重重。因为塔里全是土坯,而把土坯保护起来在技术上不仅难度大,而且造价高。最后决定还是把塔拆除重建。然而谁也不会想到,因为重修,一个埋藏了

法门寺

1000多年的绝世秘密终于重见天日。

无意中,考古人员发现了白玉石板下的神秘洞口。1987年4月3日,勘查现场休息时间,突然有人惊呼。浮土之下,考古人员无意间发现了一块白玉石板。清掉石板上覆盖的浮土,一尊雄狮浮雕显露出来。当考古队员推开白玉石板旁的碎石板时,一个洞口出现在人们眼前。那个狭小的洞口里一片幽暗。传说中神秘的佛骨舍利会不会被埋藏在洞里?

种种迹象表明,人们要先找到地宫入口。果然,队员们在前方大殿后发现了一个漫步踏道,它应该是通往地宫的出入口。

1987年4月9日,考古队员小心翼翼地推开地宫第一道门,一股霉气扑面而来。门内是一段幽暗隧道,墙壁为黑色大理石拼贴。因为年代久远,石壁呈现出一种特有的斑驳。在石壁东侧,考古队员突然有新发现,石壁上刻有文字。字由白色颜料书写,纵向排成几列。这些字是谁写上去的,是什么意思?

石壁上的文字当时无法索解,只能留待日后仔细研究。就在

法门寺地宫入口

队员失望时,在隧道尽头,两块石碑进入他们的视线,石碑为黑色大理石材质,碑文在手电光下依然清晰可辨。这两块石碑又会透露什么秘密?但是更意料不到的情况突然发生了,没有任何征兆,隧道顶上突然有碎土掉下。考古队员不得不先撤离地宫。

地宫实地考古探察工作不得不暂时中止。经研究后决定,接下来的考古勘探将严格控制进入地宫的人数,并且加快进度。随后被搬出地宫的两块石碑,共计刻有约900字。专家发现一个是记事碑,一个是物账碑。从文字内容分析,石碑是唐代最后一次迎送佛骨时留下的。

而这浩大活动的主角——神圣的佛祖真身舍利,会不会出现在地宫里呢?在两块石碑被移开后,又一道门赫然出现在人们眼前。石门左右两边的门扇上,各雕刻一尊精美的菩萨像。进门后,地面上是一堆又一堆码叠整齐的丝织品。尽管历经漫长岁月,但这些丝织品依然精美光鲜。

在前室尽头,一座汉白玉石塔静静伫立在一角。这座后来被称为阿育王塔的汉白玉石塔,大约有80厘米高,四面有精美的彩绘浮雕,塔盖、塔刹、塔身、塔座均保存完好。千年的谜底,神秘的佛骨舍利,会不会就在眼前的塔里?

没想到,阿育王塔后面发现了另外一道石门,门后必然还有密室。这道门的门扇上雕刻着天王力士彩绘浮雕。采用如此造型,是否暗示了门后的世界将非同寻常?第三道门打开后,呈现的是法门寺地宫的中室。中室是一个方形空间,中央放了一个白玉灵帐,这是一个国宝级文物,上面的雕刻非常精细。这个灵帐里会不会藏有人们迫切期待的谜底?

几天后的集中清理中,人们果然在灵帐中发现了一枚舍利,

但那是一枚玉制仿制品。因为有发现阿育王塔的经验,在汉白玉灵帐后面,果然又是一道石门,这道门上没有锁。门内是地宫的后室,后室的情景令人震惊,里面竟然摆满文物。

1987年4月13日,考古队连夜清理后室。一件件稀世珍宝小心翼翼地在人们手上传递着。清理工作即将结束时,意想不到的情况发生了。

工作人员发现,后室的土层好像被动过。挖开土,一个密龛显露出来,密龛里藏着一个包裹,里面又是一个铁函。为什么唯独这个包裹被埋在土里?5月4日,法门寺地宫文物的最后清理工作开始进行。

谁都不会想到,那个沉甸甸的宝函里套着一重又一重的宝函。直到第七重,里面是镶满珍珠的金质宝函,宝函里是一座宝珠顶小金塔。第八重是个纯金塔,打开后,金座子上有个像手指一样的银柱子,上面还有白花花的东西。佛骨问世了!专家对比后,大家都跳起来了,这就是传说中的佛舍利。但这仍然是玉制仿制品。

之后,人们的注意力再次转到密龛里发现的铁函上。为了万无一失,考古专家们对其进行了透视。X光机扫描的结果,确定铁函内有异物。5月10日凌晨,韩伟打开了铁函,首先映入眼帘的是一大一小两颗水晶珠,下面是一个被丝绸包裹的镏金函。镏金函里有个檀香木函,檀香木函里还有个水晶椁子,水晶椁子里还有一个玉棺。凌晨8点零6分,韩伟揭开了玉棺棺盖,玉棺里面又是一枚舍利。

据考证,这是一枚真正的佛骨舍利。跟志文碑上记载的相吻合:中间有纹,纹并不彻。历经波折,佛教界至高无上的圣物、世上仅存唯一的佛祖真身指骨舍利,终于现身。

法门寺地宫是一部佛教"史记",也是一幅再现佛教圣地的历史画卷。如何解读,则必须穿过历史的隧道,深入了解塔的渊源,进入幽邃的法门寺地宫。

塔,音译作窣堤婆,或译作塔婆、浮屠,意译作高显处,为佛教特有之建筑。著名学者称,中国东汉前,没有塔这种建筑类型。而塔在印度的起源,一说是就是源于佛祖涅槃后的舍利,弟子们建造了三层佛塔埋葬舍利。最初的佛寺,以塔为中心,四周用堂、阁围成方形的庭院。法门寺就是为贮藏佛骨而修塔,因修塔而建寺,因名塔寺。

地宫,则是中国佛塔构造特有的一部分,用以贮藏佛舍利藏佛舍利、佛的遗物、经卷等法物的密室。它不同于古印度把佛舍利藏在"刹竿"里的做法,与中国古代的深藏制度结合。因是盛唐皇家寺院,法门寺地宫,又与帝王陵寝的地下宫殿相仿。

众多游客纷纷来到古老的法门寺地宫,只能排成单

法门寺

行，只能排成单行，鱼贯而入。地宫，在清幽灯光照射下，尤显神秘。法门寺扩建重修宝塔再建的地宫，由踏步、平台、隧道和前、中、后三室组成的地宫。全长21.4米，虽然面积仅31.48平方米，但却是世界最大的佛教地宫。

合十舍利塔高148米，空间宽阔，地宫面积达5000多平方米，较古法门寺神秘地宫大了100多倍，可容纳2000多人在其中活动。室内大厅建筑面积2.4万多平方米，可容纳2万多人举行活动。

法门寺地宫

值得一提的是，合十舍利塔地宫灯具隐藏得非常高明，在将灯具埋设于建筑结构的深处，使灯具与建筑融为一体的同时，也避免了眩光。步入地宫，根本觉察不到身在地下，此时地宫正厅的大日如来佛像出现在眼前，坐高7米圆雕錾铜贴金的佛陀，金碧辉煌。

合十舍利塔地上11层，地下一层，塔内自上而下供奉法、报、化三身佛像，给人的感觉是塔上与塔下浑然一体。

大日如来佛像之南为真身舍利，正前的中心藻井用半圆雕方式，匠心独具地做出可开启的錾铜贴金莲花。合十舍利塔天轴与地轴交汇点，即塔下地宫就奉着佛祖舍利。

释迦牟尼真身舍利，供奉于宝函之内，位于地宫中心，逢重大佛事活动可用电动液压升降机通过顶部莲花中心藻井开启装置,升至一层供僧众瞻礼。

法门寺地宫出土时,真身舍利伴有三枚影骨。影者影现之意,喻真身舍利是天上之月,而影骨则表水中之月,是唐代所制的替代品,分别被安置于地宫的前、中、后三室及后室下方的秘龛内。

冉冉升起的佛舍利,曾经只在电影中才能看到的神秘之事,现在在地宫中出现了。地宫之下,还有地宫。当遇到不可推测的原因时,地宫下的地宫,刹那间打开,护法高僧手捧佛祖真身,降落最隐秘的地宫……

新建的地宫,应用现代科学技术,具有防地震、防腐蚀、防爆炸、防盗窃等功能。据悉,为了保护这"象征着国泰民安、和谐安康"的佛家最高级别的中国国宝,陕西省政府还特批一个至少百人以上的武警中队,常年驻守保护。

梦幻与神秘地宫,吸引了众多佛教徒和游客前来,感悟佛家文化精髓。合十舍利塔的设计师曾说,法门寺是中华文化之瑰宝,佛文化乃法门寺之核心,建设法门寺成为21世纪世界佛文化中心,以实践全球化中多元文化"交流"与"对话"之时代使命。

法门寺珍宝馆,位于陕西省宝鸡市扶风县城北,东距西安110千米,西宝、法汤高速公路贯通,交通条件十分便利。法门寺因安置佛祖释迦牟尼指骨舍利,为华夏王朝所拥戴。唐代尊奉法门寺佛指舍利为护国真身舍利,曾有八位皇帝每三十年开启一次法门寺地宫,迎舍利于皇宫供养。

1987年4月3日发现法门寺唐代地宫,在地下沉睡1113年的辉煌灿烂的唐代文化宝藏——佛教世界千百年来梦寐以求的佛祖释迦牟尼真身指骨舍利及数千件李唐皇室绝代珍宝得以面世,这批文物包括:四枚佛祖释迦牟尼真身指骨舍利,这是当时世界仅存的佛指舍利;唐皇室供奉的一百二十一件金银器;首次发现的唐皇室秘色瓷系列;古罗马等地的琉璃器群;上千件荟萃唐代丝织工艺的丝织物,其中包括武则天等唐皇帝后绣裙、服饰等,均是稀世珍宝。这些奇珍异宝数量之多、品类之繁、等级之高、保存之完好是极为罕见的。

这是继半坡、秦兵马俑之后我国又一次重大考古新发现,是世界文化史上的一件幸事。

法门寺地宫出土了制、储、饮一套精美的金银茶具,这是我国当时所知时间最早、组合最完整、等级最高的成套茶具,也是世界上发现时代最早、等级最高的宫廷茶具。

这套茶具有茶笼、茶碾、茶罗子、茶炉、茶匙、茶盆、茶碗、茶托、调料盛器等,包括了从茶叶的贮存、烘烤、碾磨、罗筛、烹煮到

法门寺出土文物

饮用等全部工艺流程和饮用过程所用器具。这是一套供奉佛寺之物，从地宫"宝物账碑文"中可知是僖宗皇帝"新恩赐"的。因其为皇家所用之物，故而等级在当时应属最高之列。

法门寺地宫文物

从这套茶具中可以推知唐人"吃"茶的过程：先把茶叶从茶笼中取出，经烘烤后，用茶碾子研碎，再用茶罗子筛过，将细茶末收入由框、罗、抽屉组成的抽屉中，水烧开后，先取出茶末，兑水，在茶盆中调成糊状，再加进盐、姜、葱、椒等调料，冲水，然后用茶碗分盛，茶碗下垫茶托，端起来吃掉。现在的冲泡法是明代才有的。

这套茶具现陈列于法门寺珍宝馆。这是唐僖宗使用过的鎏金茶具。这一套茶具为茶碾子、茶罗子、银火箸、银坛子、结条笼子等，分别对应了烘焙、研磨、过筛、烹煮、饮用、贮藏等唐朝宫廷茶道的全过程，完全印证了陆羽写的《茶经》中的有关内容，用实物讲述了中国茶文化的源流和发展过程。

震惊世界的"南海一号"

"南海一号"是一艘中国南宋初期,通过海上丝绸之路向外运送瓷器,而失事沉没于中国广东省阳江市南海海域的沉船。它于1987年最初被发现,但因技术及资金问题而延迟研究。它将为复原海上丝绸之路的历史、陶瓷史提供极为难得的实物资料,甚至可以获得文献和陆上考古无法提供的信息。

2011年4月底,古沉船"南海一号"完成第二次试发掘,为其整体发掘奠定了基础。

"南海一号"是一艘南宋时期的木质古沉船,沉没于广东阳江市东平港以南约20海里处,是目前发现的最大的宋代船只。初步推算,"南海一

"南海一号"水下考古现场

号"古船是尖头船,整艘商船长30.4米、宽9.8米,船身不算桅杆高约4米,排水量估计可达600吨,载重近800吨。

专家从船头位置推测,当时这艘古船是从中国驶出,赴新加坡、印度等东南亚地区或中东地区进行海外贸易。令人惊奇的是,这艘沉没海底近千年的古船船体保存相当完好,船体的木质仍坚硬如新。这艘沉船的出现对我国古代造船工艺、航海技术研究,以及木质文物长久保存的科学规律研究,提供了最典型标本。

同时,它为复原海上丝绸之路的历史、陶瓷史提供了极为难得的实物资料,甚至可以获得文献和陆上考古无法提供的信息。

1987年8月,广州救捞局与英国的海上探险和救捞公司在上下川岛海域寻找东印度公司沉船"莱茵堡号"时,并没有找到东印度公司的沉船,却意外发现了深埋在23米之下的另一条古代沉船,并打捞出一批珍贵文物。由于发现沉船的海域位于传统的海上丝绸之路航线上,专家认为其历史价值不可估量,当时将这艘偶然发现的沉船命名为"川山群岛海域宋元沉船","南海一号"是后来由中国水下考古事业奠基人俞伟超先生于20世纪90年代初命名的。

1989年冬,中国历史博物馆与日本水中考古学研究所合作,正式开始对"南海一号"进行水下考古调查,这是中国水下考古队伍成立之后,在中国海域所进行的第一水下考古调查,这次调查被誉为中国水下考古的起点。

南宋沉船"南海一号"于20年前被发现,出于各种原因始终让它静卧海底,未加过分扰动。在沉没800多年后,它终于被整体"托出"海面。沉船历史在出水的一刻已然改变,它不仅要适应广东耗资1.6亿元建造的水晶宫,更要把自身的命运托付给尚无确

切把握的考古界,甚至被卷入利益考量。

历经许多年的探测,"南海一号"的某些特征已被初步掌握,如船体的尺寸、货物主要以瓷器铁器为主、深埋于海泥之下、船身除甲板外结构完好,等等。进而,建立在这些特征之上的意义也被创造出来并一再重申, 如能够为海上丝绸之路研究贡献珍贵实物、可以充实航海史和贸易史等。在这些不无道理的演绎下,"南海一号"早已演变成一个文化符号,发掘"南海一号"行动也成了文化大事件。

"南海一号"打捞出的瓷器

"南海一号"的众多谜团和不确定因素仍旧存在。内部舱位的细节资料依旧不为人知, 约莫估算的6万件瓷器尽管价值不菲,可并不能揭示船上的所有秘密。

2004年,"南海一号"整体打捞方案确定。按照这一方案,打捞预算为1亿多元。但随着打捞出水时间的推后,打捞成本也逐步上升。按照"南海一号"水下考古队透露的数字,为打捞"南海一号"修建临时码头花了1400多万元,单就两艘打捞船每天的租金就高达80多万元,还有施工中投入的钢材、水泥、水下设施、船舶、人工等,算下来,打捞工程预算接近1.5亿元。如果加上"水晶宫"1.5亿元的造价,"南海一号"打捞并保存的总成本将高达3亿元人民币。方案一出,就被人评价为"不计成本的疯狂举动"。

一般的沉船打捞也就花费几百万元,"整体打捞并保存"要比"原地打捞保存"多花几倍甚至十几倍的资金。"南海一号"的考古价值是第一位的,但考古价值不能简单用金钱来衡量。

"南海一号"是目前世界上发现的年代最久远、船体最大、保存最完整的沉船,对研究我国古代造船工艺、航海技术等都提供了典型标本。其搭载的文物也有可能解开海上丝绸之路的诸多秘密,其文物考古价值远远高于经济价值。

已确定采用整体打捞的方案,将沉船、文物与其周围海水、泥沙按照原状一次性吊浮起运,然后迁移到广东海上丝绸之路博物馆的"水晶宫",这次的打捞与建造广东海上丝绸博物馆水晶宫将花费2.3亿元人民币:打捞经费7000万加建造博物馆1.6亿。中国水下考古在"南海一号"的考古过程中,从开始步入成熟。这艘沉船的出现对我国古代造船工艺、航海技术研究,以及木质文物长久保存的科学规律研究,提供了最典型标本。

打捞出的瓷器

"水晶宫"最终迎来了它的主人,一艘在海底沉睡了800年的古船。但在这之前,这艘古船仍在20多米深的海水之下。由此向北30多海里,两艘万吨级的打捞船正忙碌不停地作业,一个特制的沉箱已经被下放到水底,用于将沉船整体打捞出水。

从1987年到现在，这艘被命名为"南海一号"的沉船已经成为中国水下考古里程碑式的标志，它的发现和打捞过程充满各式各样的奇迹和波折，亦如中国水下考古本身的进程一样：从没有一个水下考古人员，没有一套水下考古装备开始，到目前已经着手操作世界上最具难度的水下考古实践。

整体打捞行动在2007年开始，那之前"南海一号"沉船水下考古队对这艘宋代商船已进行了小规模试掘，并打捞出金、银、铜、铁、瓷类文物4000余件，多数都是十分罕见甚至绝无仅有的文物珍品。这些文物以瓷器为主，包括福建德化窑、磁灶窑、景德镇窑系及龙泉窑系的高质量精品，绝大多数文物完好无损。根据探测情况估计，整船文物超过8万件。

考古界人士表示，与这些瓷器年代、工艺相当的一个瓷碗，此前在美国就卖出了数十万美元的天价，而这里却是整船、成批地出现。

"南海一号"是国内发现的第一个沉船遗址，它意味着一个开始。考古学家认为，"南海一号"的发现和打捞，其意义不仅在于找到了一船数以万计的稀世珍宝本身，它还蕴藏着超乎想象的信息和非同寻常的学术价值。因"南海一号"不仅正处在"海上丝绸之路"的航道上，而且它的"藏品"的数量和种类都异常丰富和可贵，给此段历史的研究提供了最可信的模本。对这些水下文物资源进行勘探和发掘，可以复原和填补与古代中国"海上丝路"密切相关的一段历史空白，也可以带动"海上丝绸之路"相关研究的发展。

广东海上丝绸之路博物馆位于阳江"十里银滩"上，占地13万平方米，博物馆藏品规模确定为3万件。"水晶宫"是一个巨型玻璃缸，其水质、温度及其他环境都与沉船所在的海底情况完全一样。通过"水晶宫"的透明墙壁,还可以看见水下考古工作者潜水发掘打捞文物的示范表演。

"南海一号"已出水数千件完整瓷器,汇集了德化窑、磁灶窑、景德镇、龙泉窑等宋代著名窑口的陶瓷精品,品种超过30种,多数可定为国家一级、二级文物。"南海一号"还出土了许多"洋味"十足的瓷器,从棱角分明的酒壶到有着喇叭口的大瓷碗,都具有浓郁的阿拉伯风情,被认为是宋代接受海外订货"来样加工"的产品。

"南海一号"打捞出的瓷器

宋代是中国瓷器的鼎盛时代,出现了定、钧、官、哥、汝五大名窑。对比明清时期华丽的珐琅彩,宋瓷以优雅的单色釉著称,被不少瓷器爱好者奉为中华瓷器中的"大家闺秀"。宋代各地烧瓷名窑迭出,官窑首屈一指。宋徽宗登基后在河南禹州神垕镇建立钧瓷官窑,专门为皇宫烧造花盆、盆奁等陈设贡瓷。在他的主持下,钧瓷表面烧制出异常奇丽、变幻无常的线条,由于后人难以仿制,故有"钧瓷无双"之说。

宋景德年间,宋真宗赵恒命昌南进御瓷,底书"景德年制"四字,因其精美绝伦,遂以"景德镇"之名久久风行。随着宋室的南渡,北方许多著名窑场能工巧匠纷纷赶赴景德镇,带来了当时北方

"南海一号"博物馆

先进的制瓷工艺，使景德镇的制瓷技术迅速发展。宋代，景德镇因出产"影青瓷器""青白釉瓷器"而闻名于世，并通过泉州、广州两大商港通达海外，成为当时风靡世界的名牌货。在巨大经济利益驱使下，宋代的泉州、广州、杭州等著名对外贸易的港口附近出现了不少瓷窑，如"南海一号"上发现的福建德化窑、泉州附近的磁灶窑瓷器等就是当年著名的外销瓷。考古学家曾在磁灶窑发现过一些瓷雕塑，人物形象高鼻深目，生动地再现了当年贸易口岸"涨海声中万国商"的景象。

宋代，广东瓷业进入一个空前的兴旺期，出现了广州西村窑、潮州笔架山窑等著名窑场，计有窑址80多处，年产瓷器达1.3亿件，比唐代增加近22倍。朱彧《萍洲可谈》记载北宋末年广州商船大量出口瓷器的情况：驳船深阔各数十丈，商人分占贮货，人得数尺许，下以贮物、夜卧其上；货多陶器，大小相套，无少隙地。有专家称，目前在东南亚各地发现的宋瓷，大部分都是当年广州的外贸商品。

随着宋瓷的光芒远播海外，外国人对宋瓷趋之若鹜。在国外，宋瓷的使用成为阶级和身份的象征，甚至还影响了他们的生活习俗。据记载，东南亚一些国家在中国陶瓷传入以前，多以植物叶子为食器。宋瓷传入后，他们改变了过去"掬而食之"的饮食习俗，用精美实用的瓷器作为食物器皿。在印尼国家博物馆，还摆放有许多产自宋代德化的"喇叭口"大瓷碗。

金器是"南海一号"上最惹眼、最气派的一类文物。"南海一号"共出水了金手镯、金腰带、金戒指等黄金首饰，没有生锈，闪闪发亮。它们的特点是粗大。鎏金腰带长1.7米，鎏金手镯口径大过饭碗，粗过大拇指，足足四两不止。可以推测佩戴这些饰品的人体格粗壮，身材高大。

"南海一号"沉船点发现铜钱已达上万枚。其中，年代最老的是汉代的五铢钱，年代最晚的是宋高宗主政期的绍兴元宝。这么多的货币一方面可能表明当时中国的国力之盛，中国货币可以成为"海上丝路"的硬通货，另一方面，也表明了船主的富裕。

除了陶瓷这类人们熟知的中国特产，那时科技领先的中国，还向世界输出铁器，尽管它们现在已经面目全非。"南海一号"船舱里面还有两样比较大宗的东西，就是铁锅跟铁钉，铁锅跟海水发生作用后，一摞一摞地变成了铁疙瘩；铁钉个体较大，20多厘米长，铁钉都是拿竹篾进行包扎的，数量非常多。而在宋朝，广东正是铁器盛产地。

在"南海一号"装载的货品当中,除铁锅外,出水的还有不少金属制造的商品,如铜环、铜珠等。

"南海一号"打捞的文物

对两者的用途,考古人员表示目前铜珠的用途还不好推测。专家分析说,从这些制品的外观看,只是经过初步的铸造或打磨,像铜环等上面并无花纹等装饰的痕迹,有可能是"南海一号"的船主将中国造的半成品运往海外进行深加工。

2009年12月24日,阳江市人民政府、广东省文化厅在海陵岛十里银滩隆重举行广东海上丝绸之路博物馆开馆典礼。人们自此可以走进这个中国乃至亚洲唯一的大型水下考古博物馆,一睹沉睡海底800多年的南宋古沉船"南海一号"及系列珍贵文物。"南海一号"从1987年8月被意外发现,到2007年12月22日被整体打捞出水,历时20年。里面的水质、温度和环境都和其原来沉没的海底位置的环境完全一样。"水晶宫"特别建造了两条长60米、宽40米的水下观光走廊,墙体是由透明的亚克力胶建造的。虽然近在咫尺,游客还看不见船体,但可以通过视频看到现场挖掘、打捞文物等水下考古作业的情景。

从北门通向南门的展区便是一号展区。一号展区分为序厅、阳江本土文物厅以及海洋知识厅。在二号展区,空间和面积最大的为"水晶宫",镇馆之宝"南海一号"正安放于此。"水晶宫"内特别建造了两条长60米,宽40米的水下观光走廊,在二号展区的上层则是水下考古平台。中国海上考古发现文物最多的要数"南海一号",其中部分珍品就放在三号展区上层的珍品展厅。而位于下层的海上丝绸之路厅则以文献、图片介绍中国古代海上丝绸之路的历史沿革和若干重大历史事件。

在"南海一号"被发现的同时,有着数百年历史的大澳渔村被外界发现。随着大澳渔家民俗文化的开发及渔家民俗风情馆的建成,保存完整、风格独特、历史文化积淀深厚的大澳渔村越来越被人们所认识。

大澳村的大澳古港因地理位置、自然条件优越,海上交通便利,自古就是广东沿海的大港之一,为全省当年的"六澳之首"。大澳是中国古代海上丝绸之路的必经的重要港口,它一度与广州十三行并称为"十三行尾"。

据记载,明末清初,荷兰航海家奥斯芬乘船经过大澳时,看到大澳的景象和资源,不禁惊呼,好一个美丽港湾和天然宝岛!他要求船上的人要对宝岛的位置保密,但这一消息仍不胫而走,引起不少国家垂涎。大澳儿女为了保护宝岛免受外国人侵略,上演了一个个可歌可泣的捍卫古港的英雄故事。

据史志学家介绍,明清时代,现在的东平镇是一个孤岛,无路可通,大澳港处在岛的尖端。当时阳江流域水深河宽,阳江港湾、南鹏岛至上、下川岛一带的海域,形成了广东最大的渔场。潮州、汕头、海南、广州等地的渔船,常常聚集在阳江湾捕鱼,使大澳成为一个集结渔船的渔港,各行各业的生意日渐兴旺。最繁荣的时候是清代乾隆年间,海上商船频繁出入大澳,澳内车水马龙,商贸极为发达。据一些研究者称,来这里的不仅有普通商人和航海家,更有很多国际大海盗将所得财物运到大澳来交易,使

得该地成了冒险家的乐园,当时便有了"东方威尼斯"的美称。

在大澳村主街上,有一座漂亮的西洋建筑,上面有大澳商会的门牌。据介绍,清末民初,处于天涯海角的大澳一度陷入无政府状态。

从1912年至1923年,大澳及整个东平都是由当地商人组织商会管理行政和治安的。这一度令当地渔民和商人的财产毫无保障。到陈济棠主粤时,实行保甲制度,东平才有了正式行政机构枣乡和联保,公安局派出人员维持治安,这种制度一直保持到中华人民共和国成立前夕。从此,商会便退出了政治舞台,成为纯粹的商人组织。

大澳港在东平南侧5千米的东北海湾处,毗邻台山市西南海域成一个半环形地势,当时这里是船舶的停泊站。

"南海一号"打捞出的瓷器

明清年间，倭寇海盗为患，大澳和南鹏岛的海面上常有海盗侵扰。为对付倭寇海盗的侵扰，1794年，除总督爱新觉罗·长麟修建碉楼外，另建炮台一座于港湾口岸处。

嘉庆三年又于楼后左边增设兵房3间、望楼1座。望楼面向南海，高四五米，用灰沙石块砌筑，开有一个只能供一人出入的圆形洞口。碉楼上有作瞭望用的窗口和炮眼。

嘉庆十六年划入阳江镇标管辖，民国时荒废。从大澳西沿海迂回1千米的路边山脚港湾处，又建有一座炮台，呈椭圆形，墙厚1米、长7米、宽15米、高4米（现炮台已废置）。当年它与大澳港碉楼东西对峙，是阳东东部海防要塞。

项羽字符藏宝之谜

2007年夏天，浙江绍兴草湾山上来了不少外乡人，他们似乎在山上寻找着什么。这个现象让当地人备感担忧，难道世代保守的秘密已经被泄漏出去了吗？

草湾山名不见经传，把人们吸引到草湾山的是张由匿名作者发布在互联网上的照片，照片中的石头上有一幅似图非图、似字非字的石刻痕迹。当地人说石头上的那幅图案其实是藏宝图，谁能破解这幅图就意味着找到了价值连城的宝贝。如果这真是一张藏宝图，那这图是何人所刻？藏的又为何物？是否已经被人发现？

地处浙江省绍兴的草湾山，海拔大概70米，东西长400余米。20世纪60年代起当地开始封山育林，草湾山上覆盖着厚厚的灌木林，道路基本上被全部掩盖。在草湾山的山顶上有一片空地，匿名作者发布在互联网上的那张照片，就是在这片空地的一块石头上拍摄的。

眼前的大石头长约3米，宽约2米，深陷在泥土中，而所谓的"藏宝图"是由横、竖两种笔画结构组成的一个类似文字的图案，这个字符雕刻的深度大约有8厘米左右，笔画横直，形状方正,显然为人工雕琢,像是用利器一下一下刻到大石上的。但整个字符的表面已很粗糙,各个笔画的边角已变得十分光滑。

对于这个图案是什么,当地的说法各不相同。有人说像两把椅子,有人说像古代的钥匙。俗话说,仁者见仁智者见智,看来对于这字符的形态来说,一千个人看会有一千种解释方法;其中的内涵恐怕只有作者本人最清楚。但这块石头上并没有留下任何文字记载,当地村民说这个图案的作者在历史上可是一位叱咤风云的人物——西楚霸王项羽。项羽原来就是在这边起兵,操练兵马,石头上的坑就是他用枪刻的。

难道"藏宝图"的始作俑者就是秦朝末年叱咤风云的西楚霸王项羽吗?当地人凭什么跨越两千年把这两者联系在一起呢?项羽当年又藏了什么宝贝呢?

项羽雕塑

据项里村百姓讲，两千多年前项羽与他的叔父项梁在项里村一带隐居，得到当地村民照顾。此后项羽募集八千江东子弟在附近练兵，铸十二面金锣日夜操练，金锣质地80%为金，20%为铜，锣大如轮。起兵前夜，项羽为报答村民，命士兵在附近连夜埋下十二面金锣，并在草湾山上刻下指引找到那十二面金锣的藏宝图，希望日后村民遇到难处时再去寻找。

但是项羽藏宝的故事来源于当地百姓世代口口相传，并无翔实的文字记载。要想证明藏宝图的真实性，首先要找到可靠的证据证明当年项羽确实在项里村附近活动过。

在绍兴越国文化博物馆，史学研究员在一本《康熙会稽县志》上为找到了这样一段文字记载：项梁、项籍杀会稽首殷通，举兵于会稽。这里所说的会稽就在绍兴附近，而项籍就是项羽本人。两千多年前项羽和他叔叔项梁杀了会稽县首领殷通并起义。

如果这"藏宝图"为项羽所留，那它至少存在了2000多年，为什么就没有人解开谜底呢？据当地村民介绍，草湾山上的神秘字符只是项羽所留"藏宝图"的一部分，当年项羽将"藏宝图"分开刻到了几块石头上，而想要真正破解这个"藏宝图"必须找到其他的"藏宝图"。然后将它们拼在一起，这样就能解开"藏宝图"的秘密了。如果真是这样，"藏宝图"到底是由几块组成的呢？项里村的村民无人知道。

据称，村里也有好事者曾去寻找过"藏宝图"的其他部分，但最终没有结果。目前唯一被发现的就只有草湾山上的那一块。

抚仙湖古滇国宝藏

1992年，科学家在云南澄江抚仙湖边发现了大量的水下人工建筑的遗迹。2001年夏天，云南省玉溪市政府开始对抚仙湖进行第一次科考。经过此次科考，"抚仙湖底存在着一座水下古迹"的说法被逐步证实。

为了进一步揭开抚仙湖神秘的面纱，中国水下考古队大规模地正式进驻抚仙湖，一场气势恢宏的水下考古活动就此展开。直到2005年12月，抚仙湖"水下古城"全貌展露无遗。这座在此静静地沉睡了上千年的"水下古城"比著名的庞贝古城还大近一倍，而如此大型的水下古城的发现，当时在中国尚属首例。

考古队重点探测的位置在湖的东北部区域，也是水下古城遗址所在地。考古中，除了动

抚仙湖

用专业水下考古人员之外,还动用了专门做水下探测任务的"蓝鲸"号潜水器,负责探测水位较深的区域。

"蓝鲸"号有过多次执行深海目标探测与定位任务的经验,并配备有全球卫星定位系统以及最先进的声呐扫描仪,可供四人乘坐。此次,潜水器进入遗址所在的水域,在湖底发现了大量散落着的形状整齐的石块、一堵南北走向的石墙、一条由石板铺成的类似于街道的建筑物、一座气势恢宏的高台式建筑。据初步考证,这座古城大致存在于2000多年前,极有可能是历史上记载的古滇国的国都,而这次考古探索发现对于揭开古滇国的历史提供了重要的资料。

古城中的古建筑群由8座建筑组成,最引人注目的是一座高20多米,差不多十层楼高,形状类似美洲玛雅人金字塔的建筑。另外,还有一个类似古罗马"斗兽场"的巨大建筑,此建筑底座宽63米、高21米。在这些建筑群中间,还有一条长长的石板路,约长300米,宽5～7米,石板的形状不一,上面雕刻的几何图案精美绝伦。

对于抚仙湖的形成,这里有一个故事:最早抚仙湖所在的县不叫澄江县,而叫河阳县。河阳县的县城在南边,那个时候也没有抚仙湖。当时县府衙门的门口,有一对大石狮子。

有一天,突然

海上作业平台

来了一个疯道士,这道士满街地疯跑,边跑边吼,狮子眼睛红,说说水晶宫!但是没有人理会他,以为他只是个疯子。谁想,不多久,石狮子的眼睛真的红了,整个河阳县城开始向下沉,水开始往上涌,越涌越多,最后淹没掉了整个河阳,原来的县城永远地消失了。

故事毕竟是故事,虽有人为编造的成分在里面,但抚仙湖的确处处透着神秘色彩。据司马迁《史记》等史书记载,战国时楚国想扩大势力范围,于是派手下大将庄蹻率领大军来到滇池,征服当地少数民族。正欲返回,不想碰上秦国入侵楚国,切断了回路,最后庄蹻干脆在滇池称王,史称"庄蹻王滇"。

到了汉武帝时期,中央王朝将滇国设为"益州郡",滇王成了名义上的统治者,古滇文明逐步被汉化。加上缺乏文字记载,关于古滇国的一切,最后成了一个历史之谜。同时,在有关的史料记载中,曾描述西汉王朝在抚仙湖一带设有俞元城,但俞元城到隋唐以后再没有相关文字记载。

在第一次考古发现的时候,专家根据当时挖掘出的有关线索推测这座古城可能就是古滇国国都或者是俞元城。可在第二次的水下探秘之后,发现原来的推测似有不妥:首先,该建筑群经过声呐探测扫描,面积大约2.4平方千米,如此大的城市规模非一般的都城、郡县可以达到的;其次,不管是古滇国国都还是俞元城,它们的建筑结构都是土木结构的,但水下古建筑群却是以石头为主的建筑构造;最后,据澄江、江川等地的各类墓葬群里面出土的青铜器判断,古滇国青铜文化的重要标志之一是兵器,上面通常都雕有奇特的动物造型,如变形的青蛙、龇牙的蛇头、猴头人身等,面目表情刻画得逼真清晰,异常传神。可此次考

古发现的图案,如三道人工的划痕,0、1的符号,七个排列规律的石孔,象征太阳的简单图案,"人面"图案等,都是简单勾勒。它们之间所表现出来的文化特征不同,显然后者更为原始古老。

抚仙湖一直给世人留有神秘的印象,关于它的七大千古之谜也被湖边人祖祖辈辈留了下来。

谜团一:抚仙湖下存有天然人体库?据曾经潜入湖底的潜水员透露,抚仙湖湖底尸体数量庞大,水下尸体均呈现倾斜状,男尸前倾,女尸则向后仰,并且随着水流自然运动,如同活人一般。

谜团二:湖中存有大鱼?抚仙湖里面的大鱼,可不是一般意义上的大鱼,有人说:有一次乘船过抚仙湖,到尖山时,狂风大浪,不远处看见一个像船一样的东西,仔细一瞧,却是一条大鱼的背脊。

谜团三:水底建筑?当地盛传着这样一种说法:古代的时候,抚仙湖的所在地是一个很大的坝子,在坝子的里面,有一个繁华的城池,后来一场大水将这个坝子全部淹没,从前热闹非凡的城池从此沉入水底。

谜团四:航空禁飞区?抗日战争时期,一架国民党的飞机,当时本来已经准备降落在呈贡机场,不

古滇国出土青铜器

古滇国带扣

想偏离航向,鬼使神差地撞到抚仙湖畔的老虎山上,最后造成机毁人亡。20世纪80年代,我军一架军用飞机在飞到抚仙湖上空的时候,因仪表失灵,最终导致飞机失控,坠入湖中……类似机毁事件发生多次。后来,抚仙湖被列为"航空禁飞区"。

谜团五:惊现光环?1991年10月24日,这天正好是二十四节气中的"霜降"日,人们乘船到湖中捕鱼,却惊奇地发现湖的中央部位冒出了一个发光的圆盘,相当耀眼夺目。

谜团六:孤山鲛宫?据民间传言,孤山下面有龙宫,还有许多的洞,抚仙湖的鱼常常跑去游玩,可是洞口太小它们身子又大,每次进去就出不来了,最后永远地待在里面。

谜团七:界鱼石?在抚仙湖与星云湖中间的河上,有一块"界鱼石",从抚仙湖游来的抗浪鱼与从星云湖游来的大头鱼,每次游到此处又各自洄游,形成"两湖相交,鱼不往来"的奇观。

这些传说本身带有一定程度的神秘色彩,再加上在传说过程中人为的加工篡改,真实性更加令人怀疑。但有些传说却逐步取得证实,比如关于水底建筑这一谜团。

昔日热闹非凡的古城沉入水底,所有值钱的东西也一并沉了下去,抚仙湖究竟埋藏了多少不为人知的宝藏呢?

在抚仙湖的西面有一个小山丘,山丘看似平凡无奇但名声响亮,它就是李家山。李家山地处江川县城北约15千米处,东南

走向，从山脚到山顶落差有 60 米的样子，属于星云湖畔多依山的支脉。据当地老人说，这里以前是一个古战场，诸葛亮曾带兵在此征战。

当时，由于受到水底科考条件的限制，对抚仙湖湖底的宝藏探险还一时难以实现。

1965 年 9 月，各地纷纷响应"农业学大寨"的号召，当地人也开始在李家山上挖大寨田，挖出大批青铜器，但村民们只是将其丢在簸箕箩筐内拿回家当废铜烂铁卖给供销社，帮补家用。1972 年，文物发掘工作正式展开，发掘出战国至汉的古墓 27 座，文物 1300 多件。

1973 年，在云南省博物馆举办的青铜文物展览中，李家山出土的文物竟占了一半。其中，最珍贵的一件文物是"牛虎铜案"，长 76 厘米，高 48 厘米，重 30 千克。在古滇国时期，它是贵族在宴客或祭祀等活动中用来切肉盛肉的华丽工具。

牛虎铜案

古楼兰的宝藏之谜

楼兰古城位于罗布泊西北,距罗布泊约 28 千米。古城的四周大多是风蚀的雅丹地貌,遗址在两条古河道的中间,古河道是双向注入罗布泊的河流,古城中间有一条水渠与这两条古河道相连,从西北向东南斜穿古城遗址。

楼兰古城的平面略呈长方形。若以复原的城墙计算,东城墙长约 333.5 米,南城墙长约 329 米,西城墙和北城墙均长约 327 米,面积达 10 余万平方米。南城墙和北城墙因顺东北风势,故保存较长,而东城墙和西城墙因受东北风的强烈风蚀,保存很差。古城城墙用新土与红柳枝或芦苇间杂建筑,红柳枝层约 20～30 厘米,粉土层则厚薄不一。

楼兰城内的建筑遗迹,若以斜穿城址的水渠为界,可大致分成东、西两部分。东部主要残留四座建筑遗迹:佛塔与三处房址。佛塔采用夯筑方法,呈八角形,用土坯砌筑,塔身内有椎木。比较集中的房址有三处:在佛塔东南约 60 米的台地上,尚可见有三间房室残迹,地表周围还可见到许多散布的木框构件,以及用红柳枝编织的涂泥的残墙。

城内渠道之西遗迹较密集,在楼兰城中西南处,建筑遗迹规

模最大。这是一座大院落，残存房间六个。在西城墙下，也有一组较大的建筑，是由许多房间组成的一组建筑。在城西侧的北郊和南郊也有大量的建筑遗迹，可见，在楼兰城被废弃之前，城内建筑是非常密集的。考古学家斯坦因在城中发掘的一处范围近100平方米的垃圾堆，埋藏着大量汉文简牍和少量的怯卢文简牍，以及陶、铜、木器、漆器、丝、毛织品等。

从出土的汉文简牍分析，城中西南的大院落为长史衙署遗址，其附近为长史衙署的附属建筑。建筑形式一部分具有内地建筑的特点，一部分则保持了当地的建筑形式。城内渠道之东的一组房屋建筑规模宏伟，是高级官吏邸宅和客馆。散布在城内的其他建筑，可能是当地土著与汉族的寄居区，而南城似乎为军事驻地。

中国史籍中最早关于楼兰王国的具体记载见于《史记·大宛列传》。根据记载，可知楼兰是一个西域小国，建国于盐泽边上，有城郭，然而"兵弱易去"。这里的"盐泽"，指的是罗布泊。

到汉代史学家班固撰写《汉书》时，楼兰王国有1570户人家，共14 100口人，国都名"扜泥"。《汉书》进一步介绍了楼兰的生态环境：地沙卤少田，寄田仰谷分国。国出玉，多

古楼兰遗址

葭苇、枝柳、胡桐、白草。民随畜牧，逐水草。有驴马，多骆驼。能作兵，与婼羌同。

汉昭帝时，楼兰改国名为鄯善，并请求朝廷驻军伊循。昭帝在伊循城置都尉，行屯田，从此楼兰便成为中央政府控制西域的战略支点。东汉时，楼兰在丝绸之路上依然占据着重要的位置。东汉政府在楼兰大规模屯田，开发楼兰。此后直至魏晋几百年之久，楼兰一直是内地通往西域的重要交通枢纽，再后来楼兰便很少见于史书，逐渐地神秘消失了。

19世纪中叶至20世纪初，亚洲北部一向寂寞荒凉、杳无人迹的塔克拉玛干沙漠之中，开始不时闪现出西方冒险家的匆匆身影，这片广袤一直湮没无闻的区域，一时间为世人所瞩目。沉寂在沙海之中千百年前的古代绿洲遗址，也逐渐被这些探险者所发现。

1895—1896年，瑞典人斯文·赫定沿克里雅河穿越塔克拉玛干沙漠到达罗布泊地区，沿途他进行了艰苦的然而极富收获的地质学、生物学和古代文物遗迹的考察，初步摸清了塔克拉玛干沙漠中重要古代遗址的大致情况。

1899年9月，斯文·赫定开始了他的第二次塔克拉玛干之行。这次中亚探险得到了瑞典国王奥斯卡和百万富翁伊曼纽尔·诺贝尔的资助。斯文·赫定在空寂而清冷的若羌县稍作停留，便继续向塔克拉玛干东端的罗布泊沙漠前进。

1900年2月，一个戏剧性的事情使一个非常重要的古代城址被发现。赫定一行抵达罗布泊北岸后，来到一处看起来可打出淡水的地方，赫定决定掘井取水时，发现唯一的铁铲丢失了，随同的一名向导被派回原路去寻找。

此时暮色迫近,饥饿的向导寻得铁铲后连夜返回,不料路上狂风大作,漫天的风沙使他饥肠辘辘无法前行。沙暴过后,在他眼前突然出现了高大的泥塔和层叠不断的房屋,一座古城奇迹般地显露出它的面容。向导将这一发现做了汇报。斯文·赫定立刻来到这里。当他亲手从遗址中找出了几件精美的木雕时,他异常兴奋,断定这是个非常重要的古城遗址。赫定后来回忆说,铲子是何等幸运,不然自己决不会回到那古城,实现这好像有定数似的重要发现,使亚洲中部的古代史得到不曾预料的新光明!

1901年3月,斯文·赫定对这座古城进行了发掘。他迫不及待地发出了悬赏:若是有人能最先找到任何形式的人类文字,便重重有赏。发掘现场不断有小块毛毡、红布、棕色发辫、钱币、陶片出土。随着发掘的不断开展,终于有大批的汉文、怯卢文木简、纸文书和一些粟特文书,以及精美绝伦的丝、毛织品,别具风格的木雕饰件出土。古城遗址面积很大,比斯文·赫定以前到过的古城的发现都更丰富,城里建有官署、寺庙、僧舍、瞭望塔、马棚和街市,在城外与之相关联的遗址还相当多。

最具兴味的是,在古城附近,还能清楚地看到一条东西向的官道,那显然就是张骞、班超路经的古丝绸之路。也许是建筑基址起了一个固沙作用,附近的土地都已被千年朔风切割得远低于地面达数米,仅有这个楼兰古城,仿佛建筑在一块雅丹的顶部。整整一个星期,斯文·赫定除进行发掘外,还调查了古城的寺院遗址和居住遗址。

斯文·赫定后来在他的报告《1899年—1902年中亚科学考察成果》第二卷关于罗布淖尔的记载中,曾这样抒写自己在罗布泊的感受:这里的景物一片死寂,就像来到了月球。看不到一枚落叶，看不到一只动物的足迹，仿佛人类从未涉足于此。

在新疆探险史上，名声、影响、地位与斯文·赫定大致相称的是英籍匈牙利人奥利尔·斯坦因。1900年开始赴西域探险时，斯坦因正在印度旁遮普邦任学监。19世纪末正是地理大发现的余波——中亚探险的准备阶段，久在与新疆相邻的印度任职，使斯坦因在起步前就处在一个有利的位置上。斯坦因手不释卷地拜读了斯文·赫定几年前探索西域后出版的《穿越亚洲腹地》一书后，立即产生了步他后尘、赴中国探险的冲动。

1900年，斯坦因利用年假，自筹资金开始了他的第一次西域探险之旅，他的目标非常明确，按照斯文·赫定的探险记录重新考察斯文·赫定的发现，只不过他做得更细致、更彻底。他找到了尼雅古城的精绝故地，并发掘和窃取了大量的怯卢文字木简或木牍。当获悉斯文·赫定找到了楼兰古城，斯坦因直觉断定楼兰古城附近还会有未被探访的其他遗址，于是他着手准备第二次中亚探险。

古楼兰遗址

此时，斯坦因还获知了德国探险队和法国探险队都将要进入塔克拉玛干沙漠寻宝的消息。他认为罗布淖尔也是其他探险队瞄准的靶子,他要赶在其他人之前到达那里。

对喀什、和田、尼雅等遗址进行考察之后,他去了蜡羌,随即开始了对楼兰遗址的探险。凑齐了当地所能找到的所有骆驼之后,斯坦因带上五十余名雇工,踏上了去往楼兰的征途。经过一段时间的探索,图上标注的楼兰遗址出现在斯坦因面前了。硕大的佛塔遗址在瑟瑟的寒风中巍然矗立,使得空旷的沙漠更显得荒凉、寂静。

斯坦因在它的脚下扎下了帐篷,第二天即开始了发掘,后来他兴奋地写道:所有的努力都是值得的。我们清理的一连串遗址所得到的,要比所期望的还要多。地面受到了严重的侵蚀,最沉重的大梁木也被破坏殆尽。这个甚至比尼雅遗址还小的古代居民点处于交通干线上,目睹了贸易的兴盛,所以构成主要遗址的一些房间中,每一间都出土有丰富的文书……仅一个巨大坚实的垃圾堆中就有二百多件写在木头和纸上的汉文、怯卢文书……所有艺术品和丝织品与尼雅发现物有着惊人的相似。犍陀罗风格在所有的木雕与浮雕中颇为流行。发现物种类并不丰富,只装了一骆驼或两骆驼的建筑木雕、漂亮的毛毯碎片、刷漆的家具、妇女精美的绣鞋、青铜艺术,等等。

斯坦因指挥民工和助手们在古城夜以继日地挖掘了十余天,获得了大批文书、简牍。当斯坦因伫立在佛塔遗址

古楼兰遗址

的高处，打量这座异常荒凉而又至为珍贵的遗址时，他仿佛体验到了岁月的魔力所创造的悲凉。眼前的一切，几乎使人难以相信过去这里曾孕育了一个充满生机和繁荣的社会。

当发掘进入最后几日，处境逐渐艰难起来，从外面带来的雇工连续得病，淡水也越采越少。1906年12月，斯坦因决定离开这里，向敦煌进发。这天早上，骆驼队装满了楼兰的"发掘品"，在寒冷的东北风中，离开了楼兰。

楼兰是一座早已失去繁华的古城，甚至连它那令人倾心的名字也已消失了。楼兰古城在古代又称磨朗、密远，靠近今天的青新公路，处在自敦煌沿疏勒河到楼兰、昆仑山北麓西行的古丝绸之路南道上，是著名的伊循屯垦古城遗址。

楼兰古城是楼兰国最早的王城。始建于东汉时期。公元5世纪中后期，因楼兰国为丁零所破，民众尽散，城池废弃，其地为吐谷浑所占。唐初，吐蕃势力进入西域，讨伐吐谷浑，随之占据了此地。

早在公元前77年，楼兰国内发生事变，汉王朝册封的新王因久不在国内，担心继位后统治国家力不从心，于是，请求汉兵到伊循城屯垦戍边，伊循城自此繁荣起来，而楼兰城便日渐衰败。

据斯文·赫定在楼兰发现的有关文书记载，楼兰周围有军事扰乱和战争的威胁，而驻守楼兰的官兵却忠于职守，拼死保城。兵士们照常给朋友们写信，丝毫不为即将到来的危险所惊扰。斯文·赫定感叹道，这些中国人用这样大的毅力和勇气竭尽他们的责任，真令人感慨不已。由此可以看到这个奇异的民族是怎样统治半壁亚洲的。这并不是幻想力的创造物，也不是诗，这是赤裸裸的事实。

直到后来他还自问,很奇怪,瑞典怎么就没有一块比在楼兰发现的竹简和纸片更古老的石头? 就在楼兰彻底荒芜之时,伊循城屯田戍堡则空前强盛,不仅富庶而且安全,于是近在咫尺的伊循城与楼兰城,就成了逃离点和接纳点,这或许可以为探索楼兰消失之谜打开一个窗口。

1907年新年伊始,斯坦因在去敦煌之前,发现了"从未报道过、完全出乎意外"的楼兰壁画。后来他记述道,他在去楼兰的路上感到神秘和荒凉,其神秘就在于它与世隔绝,数个世纪以来从来没人去打扰,更令他激动的是"一堆藏文文书",他说它们是从守卫着玄奘和马可·波罗都走过的去沙洲路上的古堡垒里出土的。他在给朋友的信中描绘了楼兰丰饶的文物:比藏文文书更让人感兴趣的是一沓一沓的藏族漆皮鱼鳞战甲残片。各种残片都有,它也许能制成一套战甲……

古楼兰地貌奇观

他说,他一直认为堡垒附近一些宝塔和寺院建得更早些,他所希望的事被一种使人眼睛一亮的发现所证实。从一座破坏严重的寺院里,他找到了几个完好的涂垩粉的头像,与热瓦克发现物相比一样好或更好些;同一寺院还出土了约公元300年的贝叶书,他还是第一次发现这种书写材料。他一口气挖掘出的一件又一件稀世珍宝,足以使斯坦因富甲天下了。然而,他做梦也没想到,更大的幸运像天使般向他飞来。

这天,他来到一座大佛寺,在长方形的基座走廊上,发现了一个圆形建筑的穹顶。在这里他意外地看见了美丽的壁画——带翼天使的头像。其绘画时间,斯坦因断定不会早于亚历山大之前。

他认为,壁画的整个构思和眼睛等表现纯粹是西方式的。残存的带有佉卢文的题记的祷文绸带,高度可信地说明,这座寺院废弃于公元3至公元4世纪。他终于找到了渴望已久的与尼雅同时期的绘画作品。

此外,他还找到了从上面滑落下来的大片壁画残片。移动这些壁画残片中最精美的一些天使像成了很棘手的问题。他说自己整天忙于包装这些又松又脆的壁画,幸运的是树林很近,足以供应木头做箱子,还有芦苇等做填充材料。

1907年2月5日,斯坦因在另一个围绕宝塔的穹顶寺庙的墙上发现了精美的壁画。据其记载,其外侧已变成一堆不成形状的残骸。只是部分上部板片和下面的护墙板没遭破坏,但这些均堪列入最好的犍陀罗雕刻品之列。持花的蒲蒂和周围装饰的快乐的男青年和其间的女郎头像,看起来是希腊—罗马式的,这是一幅多么好的中国边疆佛教寺院里的喜悦的生活场景图。

他还以轻松顽皮的语调描述了这个场面:这些漂亮的女郎从哪里得到玫瑰花冠?这些男青年从哪里得来酒杯和酒碗?这一切奇怪得像是用魔法在卡尔顿周围创造出了沙漠及其滚滚的沙丘,而一伙迟到的饮宴者正在为之惊奇。

乐山大佛胸前的藏宝洞

乐山大佛坐落在四川省乐山市峨眉山东麓的栖鸾峰，为弥勒倚坐像，面相端庄，坐东向西，雕刻细致，线条流畅，身躯比例匀称，气势恢宏，通高71米，是世界最高的大佛。大佛头长14.7米，头宽10米，肩宽24米，耳长7米，手指长8.3米，脚背宽8.5米，可坐百余人，素有"佛是一座山，山是一尊佛"之称。

据唐代韦皋《嘉州凌云寺大弥勒石像记》等记载，佛像开凿于唐玄宗开元初年(713年)，完成于唐德宗贞元十九年(803年)，历时90年。一千多年过去了，岁月流逝，斗转星移，阅尽人间春色的乐山大佛依旧肃穆慈祥，心旌不摇。雄伟的大佛和它古老的历史，让人无限向往，再加上"佛中有佛，佛在心中，佛心藏宝"的民间传闻，更多的人相信大佛蕴含着无尽的宝藏。

1962年，维修人员在大佛胸前发现了人工开凿的洞穴，但是未有惊人发现。80年代，有人偶然发现乐山大佛的栖息地实际是一尊三山相连，即乌尤、凌云、龟城山的"巨型睡佛"，而乐山大佛正处于这尊"巨型睡佛"的心脏部位，与"佛在心中，心中有佛"的说法不谋而合。

到了20世纪90年代，又有游客在大佛的心脏部位发现了一尊"小佛"的隐约身影，头及眼、鼻、嘴等五官和身形清晰可见，这尊"小佛"刚好位于乐山大佛胸前的洞穴位置。古时候修建佛像，的确有在佛像上修建密室藏东西的例子，这也是佛教教义允许的。看来藏宝之说并非子虚乌有，那么藏宝洞里究竟藏了什么东西，是谁藏在里面的呢？

乐山大佛开凿的发起人是海通和尚。海通是贵州人，离乡别家，来到乐山凌云山下。凌云山下乃三江汇聚之处，每当汛期，山洪暴发，常常毁坏农田，倾覆船只。为了制服江水，海通和尚立志开凿一尊大佛来镇住"水妖"。

海通和尚四处化斋，经过数年努力，终于解决了资金问题。没想到开凿之日，地方官吏觊觎募到的金银，趁机刁难，声称要收取费用，否则不让开工。海通和尚自剜其目吓走了贪婪的官吏，工程才得以顺利开展。

后人提到乐山大佛的修造，似乎都归功于海通和尚，事实上，海通和尚从筹措资金到修造大佛仅主持了18年就积劳成疾圆寂了，工程

乐山大佛

就此停了下来,而这18年中策划和募款占了10年,实际开凿的时间仅8年,后来剩下的大部分工程都是在地方政府的组织下完成的。

海通主持开凿了大佛的头部至胸部,剑南西川节度使章仇兼琼主持了大佛胸至膝部的工程,大约用了7年时间。章仇兼琼的继任韦皋主持了"莲花座上及于膝"工程、大佛"丹彩以章""金宝以严"的通体上色工程、"像设以俱"的九曲栈道工程、"万龛灯焰"的佛窟其余小佛及韦驮护法神工程,还有尤为艰巨复杂的大像阁工程等,大约耗时15年。

整个大佛修造工程,除去筹措资金及中途受"安史之乱"影响的停工时间,实际用于开凿大佛的30余年时间,地方政府主持开凿了22年,承担了近四分之三的工程量。

资金方面,海通靠民间募资形式的资金筹措量非常小,章仇兼琼"持俸钱二十万以济经费",韦皋"以俸钱五十万佐其经费",地方官员先后拿出自己积蓄的部分薪金支持大佛工程,但由于工程巨大,这些只是杯水车薪,大部分工程款动用了

乐山大佛

地方财政的税收资金,并且得到了皇帝恩准。修造资金有了根本的保证,才使大佛工程得以顺利完工。政府的支持还表现在将凌云山栖鸾峰这块临江的风水宝地无偿地划拨给海通修造大佛。如今如果提出"建造乐山大佛共用了多少钱"这个问题,恐怕没有人能回答,但可以想象,那绝不是一笔小数目。

除了资金,整个大佛工程的完工还凝聚了几代主持人的心血及工匠们的智慧和汗水。当时聚集了一大批全国最优秀的工匠,其中有南朝著名佛像雕塑家僧祐和著名的建筑家李春,这些能工巧匠,留下了乐山大佛这一佛像精品,成为中华民族的千年文化瑰宝。

佛中有佛,佛心藏宝?

1962年,乐山政府组织了中华人民共和国成立以后第一次较大规模的维修,修补前胸时,工人发现佛肚前有一个封闭的"藏脏洞",它的发现似乎印证了大佛身上有"藏宝洞"的千古传说。

这个"藏脏洞"因位于大佛胸前的心脏部位而得名,是一个高3.3米、宽1米、深2米的长方形人工开凿的暗室。洞穴的封门石在两位鉴证人的注视下被打开,室内情形令所有人大失所望,仅散乱地堆放着一些破旧的废铁和铅皮,开启现场唯一有价值的就是封门石,封门石是宋代重建天宁阁的记事残碑,此碑有可能原来是嵌在大佛胸前的。

现场有两个见证人,一人认为暗室堆放的东西应该不是原洞穴堆放的,而是被盗后的人为遗留物,且时间不会太远,应该在清末民初。另一个认为暗室里的"废铁"应是"鎏金铜壶"而"铅皮"似乎是破损的"铅皮经卷"。若此推断成立,则说明暗

室里残留的东西应是被盗后残留的原有东西，年代也应和封门石碑年代一样，是宋代的遗留物。

由于当时的"藏脏洞"被打开后，没发现什么有价值的东西，随后就被工匠用青砖、水泥灰封闭。如今两位现场当事人说法不一，已无从考证。唯一的线索宋代天宁阁记事残碑因那次维修移至附近的海师洞保管，海师洞是海通和尚建造大佛时的卧室，"文革"中洞内的存放物被毁，残碑也下落不明。

宋代天宁阁记事残碑是近现代史学者一直找不到的一块重要的文物石碑，得而复失令人深感遗憾。那么，天宁阁记事残碑上的文字是什么？为什么要用此碑来封"藏脏洞"？大佛胸前

乐山大佛

的暗室到底是何时所凿，目的是什么？被盗前究竟装了什么东西？如此多的疑问几乎成了千古谜团。

专家分析，在佛身上凿洞多见于泥塑、铜铸的作品中，是佛经教义上允许的。藏洞内所装东西一般是"五谷"及"五金"，"五谷"象征菩萨保佑"五谷丰登"，而"五金"象征菩萨保佑"招财进宝"。还有的佛身藏洞内装的是仿制五脏六腑的器皿或经书帛卷，以此象征"肝胆相照"或"真经永驻"。

关键是这些藏洞大都开凿在佛体背部隐蔽处，而乐山大佛开凿的位置在佛心部位，这是前所未闻的。从开凿此洞的长、宽、高规模来看，工程量较大，应是唐代同期工程，是造佛时的配套工程，也就是说施工者在设计时就考虑到了这个藏洞功能。

那么这个藏洞究竟要藏什么东西呢？答案很可能是财宝。大佛建成前后募集金银不少，如此大的工程，建成后的佛事活动肯定很多。香火旺盛、八方朝拜，大佛寺庙收到的捐赠善款、奇珍异宝肯定也有很多。虽然利用佛身藏宝，况且是在"佛心"跟佛经教义相违背，但若是前人考虑长远，佛财归佛，善款专用，将募集来的剩余资金封藏好留予后人，紧要时开启用于维修，这个解释应该是有一定道理的。

除此之外，还有一种可能，那就是"佛中有佛"。通过一些文字记载可以知道，大佛是以寺庙"能仁院"中的米勒石佛作为"小样"进行凿刻的。

海通找匠人依照"能仁院"中的弥勒石佛凿刻成一尊丈余高的"小样"，然后将"小样"请到施工现场，叫匠人将"小样"按1∶13的比例放大开凿。那么大佛修成后，大佛的"小样"应该怎么措置呢？建造者肯定不能让如此重要的"小样"，即大佛

的"前身",和"母本"失散了。据此推断,大佛藏洞是在大佛造后期,即韦皋修造时考虑设计的,主要目的就是为了收藏"小样",也符合"心中有佛,佛在心中"的佛经教义。

甚至可以大胆想象,海师洞不纯粹是海通禅师的寝室,海师洞最初开凿出来是想作为大佛"小样"的保管室。在能仁寺内依标造"小样"时,海师洞就同时在开凿,"小样"一请出能仁寺就住进了海师洞,这样才能体现对"小样"佛像的虔诚。同时,"小样"放海师洞便于拜祭和保留。

大佛前后修造达90余年,"小样"没有一个固定的场所保护是难以长时间保留的。要知道大佛依标施工虽仅用了30余年,但前后有50余年停工时间,没有海师洞停工时的封闭保护,"小样"难以流传下去,而大佛"小样"是统一前后开凿风格的唯一标准,其重要性不言而喻。

乐山大佛

"龙王庙行宫"宝藏之谜

清末,大清王朝已是风雨飘摇,原有的封建纲纪土崩瓦解,北京紫禁城内太监宫女偷窃文玩屡禁不止。后来,废帝溥仪也加入了偷窃的行列,众多故宫文物因而流落民间。而此时,远在天边的宿迁皂河龙王庙行宫,僧人们也屡屡盗取宫中文玩变卖,据称当时行宫旁经常有古董商人光顾,行宫中珍藏的文物也就是从这个时候开始流散和毁坏的。

大型古建筑群"龙王庙行宫"位于江苏省宿迁县皂河镇,历经康熙、雍正、乾隆、嘉庆直至清末历朝修缮、扩建,规模宏大,雄伟壮丽,气象万千,吸引了众多观者。然而,游客们每每在赞美它的壮观之余,对于该行宫的缺失都会慨叹万千。天灾人祸,使这座本应堆金砌玉、满目繁华的皇家禁苑,无数宝藏流失湮灭,让人扼腕长叹。

明清两代,一直都把河工、水运看作国家头等大事,而祭祀河神则被认为是水运畅通、御灾捍患的必要保障。在运、黄两河的沿线,祭祖河神、水神、龙神的祠宇很多。其中,规模最大的则是皂河龙王庙行宫。

该庙始建于明初，自清以来逐代增饰。清帝多次亲临祭祖。庙中原有的匾额、碑刻、书画多出自清帝手，各殿中供奉神祇的陈设用具，无不遵循皇帝礼制，爵、豆、瓠、尊，三设六供，一应俱全。一切银器、铜器乃至瓷器、玉器均为朝廷御赐，其他的木器、雕像、石刻、清供用品，其数量之丰，工艺之精，流光溢彩，精巧奢丽，远非一般民间庙宇所能比肩。

随着清朝皇帝多次临幸，加上岁时祭祖封赏，龙王庙行宫的珍藏不断增多，有些在今天看来价值连城的东西，在昔日行宫中却司空见惯。据行宫中最后一任方丈戒明和尚回忆，当时各殿神祇前供奉均用铜制宣德炉，总数不下30个。按现在的拍卖价格，每个宣德炉均在10万元以上。除正殿神像之外，僧人斋舍内供奉的都是一两尺高的鎏金铜佛，这种铜佛的价格如今约在30万元左右。至于各种官窑瓷器，包括戒明在内的和尚们还俗以后，还都保留了许多，作为农家盆罐。而一件官窑青花瓷，如今卖上百万元已不是新闻了。另外，像乾隆帝五次题诗的真迹，康熙、雍正所题的匾额、楹联、赞语，加上历年所接圣旨、御赐藏经计200余件，俱由方丈亲自珍藏。

宣德炉

站在这些金碧辉煌的殿阁楼台前，依稀还有往昔的香烟缭绕，而数百年的沧桑，已让繁华落尽。那些曾经让人们骄傲和景仰的文化遗产，那些琳琅满目的珍藏，大部分都已散佚流失在一个个噩梦里。只有凭着当地老人的回忆、蛛丝马迹的线索来追寻那些扑朔迷离的宝藏遗存。

　　土地改革后，龙王庙行宫的庙产湖田全被分给农民，僧人们坐吃山空，卖庙中各种文玩古董。当时庙里一件红木条几，只卖二三元钱，一把硬木太师椅还卖不到1元钱。庙周围的农户中至今仍有人保存着当年购买的木器家具。

皂河龙王庙行宫

太平天国金龙殿地下宝藏

　　1864年，湘军进入天京后，洗掠全城三日，可称得上是捞尽了地上浮财，因历年以来，中外皆传洪逆之富，金银如海，百货充盈，怀疑还有更多财宝窖藏在地下深处。

　　于是，曾国荃严审李秀成，曾国藩也派幕僚讯问李秀成，其中一条问：城中窖瘞亦金银能指出数处否？李秀成利用自述来对付曾国藩。他在自述里十分巧妙地委婉叙述，然后分别引出"国库无存银米""家内无存金银"的结论，搪塞了曾国藩。

　　天京城陷时，全城的口号是："弗留半片烂布与妖享用！"但湘军仍然相信当时相传的天京"金银如海"之说。城陷之后，湘军到处掘窖，就是曾国藩在给朝廷的奏报里也公然提出"掘窖金"的话。其后南京民间还有太平天国窖金的事，如所传蒋驴、王豆腐致富的故

曾国藩像

事便是。直到辛亥革命以后，还有军阀要掘太平天国窖金发财。

种种迹象表明，天京城应有窖金。太平天国在南京苦心经营十载，一直就有洪秀全窖藏金银财宝的传说。攻打南京城的湘军十分相信这个说法，待到破城之日，湘军四处掘窖，曾国藩甚至还发布过"凡发掘贼馆窖金者，报官充公，违者治罪"的命令。

湘军入城后，又有了曾九得窖金的传说，曾九是曾国藩之弟曾国荃。其部队是最先进入天王府的，相传曾挖得洪秀全的藏金而入私囊，最终为毁灭证据，一把大火烧了天朝宫殿。清人有笔记记载，洪秀全的窖金中有一个翡翠西瓜是圆明园中传出来的，上有一裂缝，黑斑如子，红质如瓤，朗润鲜明，皆是浑然天成。这件宝贝后来居然在曾国荃手中。

当年，太平天国为了应付残酷的军事斗争，所有公私财产都必须统一集中到"圣库"，人们生活的必需品由圣库统一配给，百姓若有藏金一两或银五两以上的都要问斩。这种制度使得太平天国的财富高度集中，为窖藏提供了可能。

"圣库"制度在太平天国后期"天京事变"后已名存实亡。李秀成在临刑前的供状中说，昔年虽有圣库之名，实系洪秀全之私藏，并非伪都之公币。王长兄（指洪秀全）、次兄（指杨秀清）且用穷刑峻法搜括各馆之银米。这就说明天京事变后，太平天国政权由洪氏嫡系掌管，"圣库"财富已成洪秀全的"私藏"。

而洪秀全进入天京后便脱离了群众，避居深宫，十年未出。如果没有其亲许，任何人都不能进入天王府，对其他异姓诸王更是猜忌日深。天王府成为他唯一信赖和感到安全的地方，如果要窖藏的话，最有可能就在天朝宫殿地下。

洪秀全建天朝宫殿时,倾全国所有,掠各地宝物于宫内,其他王府也都藏金。据史料记载:城中四伪王府及地窖,均已搜掘净尽。虽然没有天朝宫殿窖金记载,曾国藩也向同治帝奏报否认天王府窖金之事,上报朝廷说除了二方"伪玉玺"和一方"金印",别无所获。但在实际行动中,他听凭湘军掠取浮财。另有记载宫保曾中堂之太夫人,于三月初由金陵回湖南,护送船只,约二百数十号。如此多人,是护送窖金,还是其他重要物品?

当年湘军劫掠天王府时搜查得很仔细,甚至连秘密埋在天王府内的洪秀全遗体都被挖了出来,焚尸扬灰。一大批窖金怎会发现不了呢?但是,其实天王府并没有被全部毁掉,有不少还未烧尽,当年的核心建筑"金龙殿"依然存在,百年来,从来没有对其地下进行过勘察。"金龙殿"下边到底有些什么?天朝宫殿地下有没有藏金?这还真是个谜。

洪秀全像

张献忠宝藏之谜

1646年，张献忠身亡后，他所聚敛的巨额财宝便不知去向，甚至没人说得清这笔财宝究竟是真有其事，还是一个巨大的谎言。但在这数百年间，围绕它的猜测和寻找从未停止过。在传说中，张献忠将劫来的金银财宝藏在成都附近某处，以石牛和石鼓作为暗记。"石牛对石鼓，银子万万五。有人识得破，买尽成都府。"这首古老歌谣，因被认定为破解大西王张献忠藏宝之地的"密咒"，在成都流传了300多年。

2010年11月底，距四川彭山仅两三千米的江口采沙场传出消息：有人在附近江中挖出一只重12斤的黄金盘。这个意外的发现，让传说中的张献忠巨额财宝再露端倪。

张献忠生于1606年，明万历三十四年，延安人。据《明史》记载，他身材魁梧，脸形稍长，面色微黄，留着及胸的长胡子，声若巨雷，人称"黄虎"。他性格桀骜不

张献忠攻城创意图

驯，在延安府当捕快期间，就屡犯军法。1630年，明崇祯三年，恰逢明末乱世，宦官当权，民不聊生，张献忠在家乡米脂追随王嘉胤起事。王死后，他改投高迎祥，和李自成同属一股起义军。不久，张献忠与李自成因故分裂，李自成进攻黄河流域，他则率部进攻长江流域。

随着起义力量的壮大，李自成称"闯王"，张献忠则自称"八大王"。张献忠为人极其狡诈，明朝对他软硬兼施，先是许给他高官厚禄，期冀招抚；后又对他多次围剿。每到危急关头，他就诈降，度过危机后则再次反叛。明朝政府根本不能满足他的欲望，他的目标只有一个——当皇帝。

1643年，张献忠攻下武昌后称帝，建立大西政权。清朝文人赵吉士在《寄园寄所寄》中说，他将楚王朱华奎塞进竹轿，抛入湖中溺死，自己则尽取王宫中金银上百万，载车数百辆。次年，张献忠带兵入川。在天府之国，他干了两件让自己留下恶名的事，一是杀人，二是掠财。

据说，张献忠攻陷成都后，部下报粮草不足，他便用最简单的方法解决了这个最困难的问题——杀人，杀百姓，杀伤兵。成都有一块七杀碑，记录的便是他的杀人如麻：天生万物以养人，人无一德以报天，杀杀杀杀杀杀杀。

除杀人外，张献忠更以"劫掠"出名，劫掠对象由皇室官绅发展到普通百姓。清人刘景伯在史书《蜀

张献忠宝藏

龟鉴》中记载,张献忠从各州郡的富商大贾处掠取的钱财,少则数千两黄金,多则上万,拿到钱后还会杀人灭口。其行为之暴虐,可谓空前绝后,毫无天理与人道可言。

同时,他对抢掠所得财产进行严格的控制,立下规矩:部下若私藏金银一两,斩全家;藏十两,本人剥皮,斩全家。如此一来,整个四川之财尽归张献忠一人。据史书记载,崇祯皇帝和他相比也只能算是"小户"。他曾在成都举办斗宝大会,得意扬扬地炫耀自己的富有:24间屋子摆满奇珍异宝、金锭银锭,令人目不暇接。

有历史学家粗略估算了一下,张献忠至少拥有千万两白银。按明末一两白银折合购买力相当于现在的300元人民币计算,在那个年代,他拥有相当于现在30亿人民币的财富。

有人说,人生最可悲的事,就是人死了,钱没花完。对敛财有着近于病态狂热的张献忠万万没有想到,自己的生命会如此短暂。1646年,清朝肃亲王豪格同吴三桂率清军由陕南入川,攻打张献忠。同年11月,张献忠部被清军包围。张献忠匆忙出城迎战,被清将雅布兰射死在凤凰山,令人意想不到的是,他的巨额财宝竟自此和他一同消失。

这笔宝藏是藏于锦江水底?埋于青城山下?还是隐于芦山县城?人们的猜测不一而足,其中最让人们信服的藏宝地,就是锦江江底。

据《明史》记载,张献忠在被迫撤离成都前,干了一件匪夷所思的事:他让部下在锦江筑堤,抽干江水,在堤坝下游的泥沙中挖出数丈深的大坑,将劫掠来的财宝全数倾倒其中,再重新决堤放水,将大坑冲平、淹没,以此掩人耳目。后来的史书《明

纪》，也一字不易地抄录了这条史料。

《彭山县志》中对张献忠宝藏的下落则另有说法：张献忠撤离成都时，因为旱路已被清军封阻，他只得改道由水路出川，但船队沿锦江刚行至彭山县江口境内，便遭到当地的地主武装杨展部队的袭击，几乎全军覆没。张献忠不得已退回成都，许多满载金银的木船则沉没于锦江。更有人说，张献忠的船只是自焚。张献忠为何自己烧了船只？这无疑为"江口沉银"之说又添了一层神秘面纱。

民间流传的第三种说法是：张献忠自知兵败，撤离成都前，提前让手下做了许多木筒，将银锭灌藏其中，投入锦江，使其顺水漂流，准备在狭隘处打捞。可惜途中遭到杨展兵马的埋伏，尚未来得及打捞便兵败如山倒，那些木筒也随着时间的流逝沉于江底。

还有一个传说也流传甚广：张献忠兵败成都时，十几艘大船沿江顺流而下，在彭山境内被清军预先埋设的铁链拦住。押运船只的将士眼看不敌清军围攻，纷纷凿沉船只，登岸而逃。清军早就知道张献忠有大量金银要从成都运走，以为截获了运宝船队，欣喜若狂，可当他们登上那些尚未完全沉没的大船，却发现其上装载着的全是石块。这无疑是张献忠使出的障眼法，真正的财宝早就沉于江底。

无论哪种说法，都指向张献忠将所掠财宝沉于锦江之中，地点就在江口附近。而这，也为后人沿江寻宝留下了无尽的空间。

海盗吴平的宝藏之谜

南澳岛位于广东省汕头市东部,南海和东海的交界处,这里除了美丽的风景,吸引人们的还有一个重要的原因,那就是藏在岛上几百年而从未被发现的宝藏。

相传南澳岛上藏有巨大宝藏,金银珠宝不计其数。关于宝藏的说法从宋朝末年就开始在南澳岛流传,到了明代,又出现了海盗藏宝的传说。于是,一批又一批的寻宝者纷至沓来,但最终都一无所获。南澳岛上到底有没有宝藏?如果有宝藏的话,在这个面积仅100多平方千米的小岛上,这么多的财宝又会藏在哪里?

有关宋代宝藏的传说与南宋末年小皇帝南逃有关。700多年前小皇帝赵昺和他的弟弟被元兵追杀,从临安一路向南逃,一直逃到了今天的南澳

南澳岛

岛。一般说来，皇帝出逃都会携带大量的金银财宝，那么南澳岛传说中的宝藏会不会就是这个逃亡中的小皇帝所遗留下来的呢？

在南澳岛东南部的云澳湾有一组雕像，雕像表现了南宋小皇帝赵昺与大臣陆秀夫等人在南澳岛生活的场景。当地旅游部门在为这组雕像群清理地基的时候，意外地发现了一个古建筑遗址。

据《南澳县志》记载，南宋小皇帝赵昺和他的弟弟曾经在南澳岛居住了15天，如果这个地方是小皇帝居住过的太子楼，这就与民间的传说不谋而合，因为传说中的藏宝地就在离太子楼几十米远的一堆巨

云澳湾雕像

石中，但要想获取巨石中的宝藏，必须要破解这组摩崖石刻上的文字。

因年代久远，石壁剥蚀严重，巨石上总共只留下了35个文字，而且字迹残缺不全，很难辨认。当地人讲，南宋末年逃亡南澳岛的小皇帝，眼看追兵步步逼近，决定在离开之前把一部分随身携带的金银珠宝留在南澳岛。为了日后能重新找回这些财宝，便在附近的石壁上刻下文字，既是记号，也是获取宝藏的秘诀。然而小皇帝离开南澳岛后不久，就在元军的追杀之下投海

自尽了,于是宝藏就成了千古之谜。

就在距离石刻和太子楼遗址200米的海边,有一口古井,相传是南宋小皇帝逃到南澳岛时挖掘的,后人称作"宋井"。虽然古井与海水相隔咫尺,但井中涌出的却是甘甜的淡水。现在这口井已经成为当地一个旅游景点。宋井的管理人员说,凡是来这里的游客都会尝一尝这清凉的井水,因为这井水可以清心明目。其实,当初在清理宋井的时候,文物部门就发现了许多宋代瓷器碎片和宋代铜钱。考古证明,这一带正是当年南逃的南宋小皇帝居住和活动的地方。

那么,石壁上的神秘文字,能否引领人们打开宝藏的大门呢?许多专家学者对摩崖石刻进行了种种猜测。南澳中学的一位历史教师认为,石刻是明末清初郑成功反清复明的檄文。泰国华侨崇圣大学的一位教授认为,该石刻的文字非诗非文,应为谶纬之言、扶乩之语。

虽然专家学者对摩崖石刻的含义众说纷纭,但南澳人却更愿意相信这就是打开宝藏的秘诀。就在众多学者对石刻上的文字百思不得其解的时候,南澳岛上另一个关于寻宝的谜语,也同样让专家学者绞尽脑汁:水涨淹不着,水涸淹三尺,箭三枝,银三碟,金十八坛。据说谁能破解这句谜语,谁就能找到明朝大海盗吴平的宝藏。

汕头南澳岛有一个面积不足1000平方米的小岛,人们称之为"金银岛"。为什么叫"金银岛"?据说是明朝年间海盗吴平藏匿金银的地方。金银藏匿何处?涨潮的时候水浸不到,退潮了倒被水淹三尺。有人推测,这该是有淡水的地方。但岛上哪有淡水来淹呢?吴平死后,金银迄今没有人找到。这仍然是个千古之谜。

相传明朝嘉靖年间朝政腐败,民不聊生,相传明朝嘉靖年

宋井

间朝政腐败,民不聊生,闽粤沿海出了个大海盗吴平,他是福建省韶安县梅岭人。此人身材矮小,却机智灵活,出没于南澳岛与金门岛一带水域,势力衍生到现在的台湾地区和东南亚。

传说他善于潜水,能从南澳潜游到七八里远的海山岛。后来他看中了南澳岛,在此安营扎寨,并在现今的深澳筑营。那里后有高山悬崖,前面海滩宽阔,又有虎屿与猎屿两个小岛作天然屏障,确是易守难攻的好地方。当时南澳尚未设总兵,这一带就成了吴平的势力范围,也就是当年吴平扎营之所。

为荡平这股海寇,明朝廷委派潮州总兵俞大猷清剿。俞大猷遂率兵3万围攻南澳。吴平凭借土堡木城、水寨掩护,负隅顽抗,俟官船逼近,木石弓弹齐发,官兵措手不及。溃退时,官船的船舵又被吴平筑于海湾水下的石篱卡住,进退维谷,以致损兵折将,未能取胜。如此坚持了3个月,朝廷闻奏急派浙江总兵戚继光前往助战。戚继光是山东蓬莱人,将门出身,智勇双全,通晓兵法。他曾在闽浙剿寇,战绩卓著。这次他接获圣旨,即领兵五千驰援。

嘉靖四十四年春,戚家军到达南澳后在今南澳东南方云盖寺一带安营扎寨。戚继光一边探测地形,一边与俞大猷联络。一天夜晚,他梦见美髯公关羽,得其指点:"将军破敌,只在智取,若从后攻,必然可胜。"原来吴平屯兵安营于临海处,背后是金山,山势嵯峨,荆棘丛生,无路可通,疏于戒备。戚继光与俞大猷联络

后,俞遂率兵从正面强攻,戚自己则亲率三千精兵,偃旗息鼓,披荆斩棘,取道山后。兵力部署完毕,铳炮齐发,前后夹攻,吴平惊慌,弃寨而逃,被杀被俘达3000人,官军大获全胜。

当时吴平见大势已去,惦念十多年来掠夺的财宝,便与妹妹将金银财宝分装成18罐,用小船运到现在称为金银岛的小岛掩埋,以待来日有机会再挖出来。到达小岛后,官军追赶喊杀声四起,也许吴平考虑到妹妹被官军俘获后会造成不良后果,遂将妹妹杀死并与金银埋在一起。

1566年5月,戚继光部将傅应嘉,探得吴平已逃至海南岛,又集结几千人马再次征讨。此次战役吴平又败,后投海自尽。吴平既死,金银岛藏金埋银之事也就无人知晓了。

几百年过去,人世几经沧桑,这个小小的金银岛却由于以上的历史原因,又有藏金的传说,加之岛上怪岩高耸,石洞迂回曲折,高低起伏,岛外白浪汹涌、海鸥低翔,景物委实迷人,更有吴平妹妹的石雕像和《金银岛纪事》《南澳吴平堤》等碑记,亭榭小桥、石洞山泉的美景吸引了不少游人上岛猎奇览胜。

在南澳岛的深澳镇有一个吴平寨村,这是以海盗吴平名字命名的村落。吴平在寨内藏宝有很大的可能性,因为易于看护。但生活在这里的渔民说,今天的吴平寨早已不是当年的寨子了。当年他们盖新房的时候,曾经看到过一些残存的围墙和石基废墟,但从来没有发现过任何宝藏的踪迹。

岛上的深澳湾是当年海盗吴平训练水兵的地方,几年前在扩建码头的时候,人们曾经在水下发现过吴平当时修建的海底石林。于是,有专家认为,宝藏极有可能藏在附近的海底,人们便马上扩大了搜索的范围,决定到海底去看一看。在当地旅游部

门的帮助下，人们请来了专业潜水员，地点就选在了传说最集中的藏宝地——金银岛周边的海底。几天的水下探索，结果一无所获。

据当地村民说，几年前，曾经有人在猎屿岛上挖过宝。那么，吴平的宝藏会不会藏在猎屿岛上呢？猎屿岛就在吴平寨的对面，是外海进入深澳湾的天然屏障。据说为了上南澳岛寻宝，几年前有个盗宝者曾做了大量的准备，他通过对当地传说的分析将盗宝地点选在了猎屿岛的山顶上。当年文物部门在现场拍摄了一些照片，今天这里已经是成片的灌木丛，杂草丛生。如今猎屿岛上确实有宝，但这个宝贝并不是吴平藏的宝藏，而是一处珍贵的文物，建造于明朝的铳城炮台。正因为这是一处明代的文物，所以几年前在这里挖宝的人被当地公安部门拘留了。

在铳城不远处的草丛中，有一块记载铳城历史的石碑，虽然经过长年的风化，石碑上的字迹有些模糊，但仍然能够看清上面刻的"明天启二年"字样。既然铳城的建立是在剿灭吴平60年之后，那么明军在修建铳城的时候就已经对这里进行过平整和清理。这样看来，猎屿岛上有藏宝的可能性也就微乎其微。

多少年来，到南澳岛上寻宝的人不计其数，几乎跑遍了南澳岛的每个角落，仍无法解开南澳岛的藏宝之谜。但是，也正因为这个未解的藏宝之谜，使南澳岛的美丽风光平添了几许神秘的色彩，吸引着人们的目光。

马步芳乌鞘岭藏宝之谜

20世纪80年代初期，在乌鞘岭发现了一具在陡坡上摔死的老年男性尸体，警方根据死者身上的有关资料确认，此人是偷渡来大陆的。中华人民共和国成立前随国民党撤退的一个河西籍的老兵，因为当时所处的特殊时期，这件事情被大事化小地处理了，那具尸体也被当作无名尸体火化了。

过了若干年以后，参与这起案件的一个老警务人员退休了，但很奇怪的是他没有回老家去，而是孤身一人在乌鞘岭附近居住了下来，乌鞘岭上的道班工人总能看见他在山野中到处转悠，寒来暑往，工人们也都见怪不怪了。那些年里，只要乘车路过乌

乌鞘岭

鞘岭,就能看见一个衣冠楚楚的退休干部在岭上大声讲话,保证就是这个老者。

那是一年冬天,天气特别冷,雪下得特别早,道班的工人去巡路,发现那个老人在山坳中的房子烟也没冒。工人们很诧异,在这么冷的天里,不架火还行吗? 他们进房一看,结果发现老人病得很厉害,奄奄一息了,等其他人带着大夫赶到,老人已经去世了。

据人们说,老人临死之前告诉了那两个道班工人一个很大的秘密,世上没有不透风的墙,在那些道班工人之间开始流传着这样一个故事。原来,这一切和中华人民共和国成立前夕"西北王"马步芳家族撤离大陆时秘密埋藏的一笔巨大的财宝有关。

1949年中华人民共和国成立,8月兰州解放,解放军跨过黄河铁桥,继续向西开进。当时西北大部分军阀都已经投降,只有西北军阀马步芳对蒋介石集团还抱以希望,顽固抵抗,拒不投降。

马步芳长期盘踞青海和甘肃地区,蒋介石命其担任第42集团军总司令,其兄马步青为副司令。马氏兄弟在剥削和压迫人民的同时,通过办厂、开矿、开银行等手段大肆搜刮民脂民膏,成为军阀和财阀。1949年9月解放军打到了小峡口,马步芳见大势已去,举家逃往海外。

后来,当新政权接收青海及河西诸地的政权时,发现地方财政贮备大量的金银等库存已经被腾空,所有旧政府及一些寺院的珍贵文物不翼而飞。

按当时情况分析,这些财物不可能通过陆路运输,因为当时出甘肃的公路几乎全部被封锁;如果是空运也不太可能,虽然当时美国的飞虎队为了帮助马氏家族空运外逃还修建了简易飞机场,但是据潜伏在敌占区的地下工作者证实,因为该飞机场经常遭到游击队的袭击,实际起飞的飞机很少,特别是刚开始,一架飞机上因为带了满满一飞机的银圆而超重,发生了刚起飞就被折断机翼的事故,因此马氏家族出逃几乎人人身上都绑着装满金条的子弹带,但没有携带其他过于笨重的财物。

那么,其他的金银以及无数珍贵的文物会到哪里去了呢?唯一的可能,就是在一个人所不知的地点被藏了起来。这个地方,就在乌鞘岭。

那个偷渡客的一封信,揭开了这个秘密。原来那个偷渡回来的老兵,就曾经在马步芳的部队服役过,在1947年时,他们团曾经被调到乌鞘岭,说是要演习,可是并没有演习任务,他们被命令在一片方圆25千米的范围内担任警戒工作,给他们发的手谕是任何人进入此范围,可以不经过警告而开枪射杀,包括团部和士兵也不能越雷池一步。

能进入该地点的仅是马家嫡系的

乌鞘岭

仅是马家嫡系的一个加强排，有时候也有一些民夫模样的人被荷枪实弹的马家子弟兵押着进去，但是上级严令，只要发现这些民夫跨越警戒线出去，一律格杀并就地掩埋。站岗的士兵有时候会听见那些看不见的山沟里传来轰隆隆的响声，长官们说是山炮演习，可是有经验的士兵暗地里都说这是炸药开山的声音。

就这样过了一个多月以后，有一天突然来了几辆美制十轮大卡车，每辆车上都堆得高高的，用帆布严严实实地盖着，开车的都是那个加强排里的长官。这些车辆进进出出地忙活到了晚上，而每次出去的时候车厢很明显空了许多，但是有一辆车在出来时车厢插板没拴好，刚好在警戒线散了开来，士兵看见掉下许多东西，赶忙跑过去帮忙，结果发现车上掉下的是尸体，很明显是民夫的尸体。

车上的长官下来对该士兵严加训斥，以他全家性命威逼他发誓不要说出看到的一切，这个士兵回到了营地，过了不久就发现被人掐死在帐房里，后来就传说他是因为看见进去的数百号民夫被杀而被灭口的。

团里的弟兄有时也私下里悄悄议论，大家认为一定是修建了一个秘密弹药库，但其中也有不这么认为的，这个后来偷渡来大陆的马家兵就不相信，他当过师级以上的参议，因为开小差被降为士兵，根据他多年当幕僚的经验，他觉得里面大有文章。

后来，他们的团队在这个地方驻扎到第二年春天才被调走。解放的时候，他知道自己因曾经屠杀红军西路军战士而犯下了不可饶恕的罪行，便逃跑了，可是想家心切，便想方设法打听消息，当他听到曾经被马家统治过的地区财政消息时，几乎肯定了当年那个神秘的工程就是埋藏了那一批巨额财富，便只身一人想方设法潜回老家，想探清当年埋藏地点给国家献宝，以赦免自己的罪恶，可是，到他死的时候，还是没有线索。

办案人员刚开始还以为确有其事，秘密地成立了一个工作组，分为两拨开展了寻宝工作，一拨在民间打探消息，一拨以不公开身份在乌鞘岭一带借找矿为名探测宝藏，可是在民间也没有听见一点消息，连探测都一无所获，最后大家都认为这是一个捏造的故事，便不了了之了。

但是参与此事的那个老公安，却坚决认定这件事确凿无疑，退休后便开展了调查工作。他熟读历史，知道元朝统治者死后，子孙便将他葬于草原，然后让万马踏平墓地并封山，待青草长出后人便无处掘墓的典故，他认为马氏藏宝也是故技重施。

如果此事确实，那么四十年前那上百民夫的被害应该是一个突破点。他在乌鞘岭附近走乡串户，调查那一时期人口大规模失踪事件，可是不论是民间还是地方上的文字资料，虽然零散的有一些关于战乱年代几人或十几人失踪的案例，可是再没有更多集体失踪的纪录。

后来，他来到一个很偏僻的山村，一一位八十多岁

乌鞘岭冬景

的老阿妈告诉了他一个村庄曾经遭受瘟疫而迁走的事,说那个村庄因遭受瘟疫,村民被一夜间迁走,马家军包围了那个庄子,整个庄子被夷为平地。

这个老公安便按照老阿妈的指引来到了那个曾经是村庄而今是一片草地的地方,这块草地特别丰茂,但是牛羊却几乎不吃这里的草,老公安进行了挖掘,果不出所料,最上面的草皮根据土的颜色判断是别处移来的,草地下面掩盖的倒塌房屋明显是被焚毁的。

更为奇怪的是,在整个遗址下有许多尸体,根据骨骼以及残留的衣饰可以看出,几乎所有的尸体都是妇女儿童以及老年男性,都是被枪杀,而且没有一个青壮年男子。

在这块土地上究竟发生了什么事?老公安最后得出了结论:当初马家军为了藏宝,强行抓走了全庄的青壮年男子,为了不让消息外泄,事后全部秘密杀害。害怕家属会因为家人失踪而引起怀疑,索性也杀死了全庄老弱妇孺,而对外诈称染瘟疫外迁。

老公安在最后的时间里因为积劳成疾,又因为孤身一人无人照顾,当倒班工人发现时,也只来得及说完了这个故事,便一暝不起了。而听到了这个故事的年轻工人,因为害怕惹来麻烦,就没有把这个故事报告给有关人员,只是在酒醉后偶然说出了这个故事,接着便被传扬了开来。

也许,在这苍茫的乌鞘岭下面,这传说中的宝藏的地点,只有马家后人才会知道了。

哀牢山土司藏宝之谜

在哀牢山区,一直流传着这样一个古老而神秘的故事:从明代就世袭土司官位的李家到最末一位土司在1950年而亡的时候,积敛了万贯家财。据当地人说,他家是靠贩大烟、设卡收费、造大洋、开工厂等发财的,至于他家有多少金银财宝谁也说不清,但财富从保留至今的豪华气派的土司府便可窥见一斑。

哀牢山土司府设立于宋代公元985年,坐落在云南新平县耀南村的半山腰上,占地4.2亩,由大院、花园、马厩三大建筑群组成,共有房间65间,布局新颖,造型独特,有着丰富的历史人文底蕴。更为奇特的是在哀牢山大山深处的这座土司府,大门的设计是中西结合的样式;为防火灾,建于宋代的土司府还想到了在院中建造消防水池,为取暖而建了取暖通道;等等。

关于李家宝藏藏在何处,

哀牢山土司府

在哀牢山区流传着三种说法。李家最后一个土司李润之的随从说,李润之死前已将大批宝藏藏进了地道,至于说地道的机关在哪里仍是个谜。

李润之的一个随从保镖说,李死前的一个夜晚,曾有人亲眼所见他用20多匹骡马将宝藏驮到了一个叫南达的地方。还有一种说法认为,金银财宝就在他家土司府地下藏着,因为在他家的大院子里还存有一些奇异的图案,这可能就是开启宝藏的指示图。

李家祖坟坐落在哀牢山半山腰的关东岭跑马场,现在坟墓还在,但只能从残缺的守墓人石雕和坟山上那根高5米的石柱感受到曾经的气派。

据当地的老人回忆,李家祖坟原来是用石块镶砌,石碑和坟前都精雕着各种图案,旁边还有守墓人石雕及石狮等,几乎占据了一个小山头。但是,后来因为大家传言李家的宝藏不知去向,有些人就将目光转移到了他家的祖坟上,盗墓人屡屡"光顾",一度将李家祖坟挖得千疮百孔,据说也没盗得什么宝藏,而守墓人石雕和石狮子却不知去向。

坐落在耀南村的土司府,原貌仍保存完好,只是门前的十二生肖石椁和墙上的图案已破损。近年来,在嘎洒除传统的花腰傣民族风情游以外,还在哀牢山新开辟了原始森林游、石门峡探险游、寻访茶马古道游、追忆土法冶炼窑和观光瀑布游等,旅游有逐年升温的趋势。其中,最受欢迎的当数土司府的探秘游,大家除寻古觅踪之余,就是为了探访那神秘的宝藏,游客来了一波又一波,却没有谁能够揭开这个千古之谜,更使这栋古宅增添了神秘的色彩。

来观光的人，当听了导游说起这段宝藏的故事和看到了那刻在地板上的符号时，有的付之一笑，而有的顿时心潮澎湃，在古宅中流连忘返，将古宅中的每一个墙角都瞅个仔细，特别是古宅中藏枪的密室、水牢的地下室、土司夫人为藏宝物而设的暗室、土司为正房设的取暖暗道及为防偷袭而设的枪眼。还有人从正院转到侧院的花园，又从花园转到土司府背后的山上观整个古宅的全景，力图从中能发现蛛丝马迹。

看过《国家宝藏》电影的人可能还会记得有这样一个情节：主人公凭着一个像五角星的东西对上了那个宝藏之门的机关，最终开启了那扇财富之门。在这个神秘故事里，似乎跟那部电影也有点相似之处，这就是在土司府正厅四合院里，也有一些这样的奇异符号。一块块正方形的青石板地砖，分别被安置在四合院的四个角落，院落右侧一块石板上刻着一个不规则的五角星图案；左侧一块石板上刻着的是像椭圆又像音符的图案，其余两块与此相似。

这些符号到底象征什么意义谁也说不清，要说是装饰，它又因为刻画得极不规则，与那些极其工整、精致的建筑很不对称；说它是开启宝藏的指示图，那它指示的又是哪

哀牢山风光

个方向，那扇究竟在何方呢？这个谜团至今仍未能揭开。

因历史的原因，在哀牢山已经找不到一位李家的后代，但有一位幸存的李家保镖有可能知道宝藏的秘密。

哀牢山风光

这位老人喜欢一面抽着老草烟，一面断断续续地回忆70多年前的往事：十多岁时，为了逃避抓壮丁，他就去给李家放马，后来因为土司看到他既老实又能干且个子高大、身体强壮，就叫他到自己身边当了一名贴身保镖，土司走到哪里，他就跟到哪里，还为生意上的事跟土司去过缅甸、老挝及英国等地，当时确实风光了好几年，一家人的吃穿也不用愁。

老人回忆说，只是后来废除土司制，记得好像是在一个夜晚，他看到了一个由20多匹马组成的马帮来驮运，里面装的是什么东西就不知道了。

还有人说，当时土司有一个女儿是嫁到了南达。有一个夜晚，他亲眼看到了有一个马帮运着大包小裹的东西到过南达，里面估计就是财宝。

张保仔上川岛藏宝之谜

在中国广东省的上川岛，流传着这样一个关于宝藏的传说。相传清代著名大海盗张保仔曾扼守琼州海峡，专门袭击清廷官船和外国侵略者的商船，截获了大量金银珠宝。据说，大批财宝被张保仔藏匿在海盗大本营——上川岛各处，并留下了记有藏宝诗的手抄本。由于手抄本失传已久，大批的财宝下落不明，它们可能仍然被深埋地下，等待着有缘人发现。

传说的真实成分到底有多少？上川岛究竟有没有海盗宝藏？如果有，这些宝藏会藏在何处？太多的谜底等待后人去破解，太多的传说等待后人去考证。

上川岛位于广东省台山市西南部，是广东省最大的岛屿。它静静地斜卧在北回归线以南波澜壮阔的海上，与港澳毗邻，扼广州至湛江、海南之要冲。

打开中国地图，可以清楚地判断出，上川岛的地理位置极其优越，事实也是如此。据宋代《萍洲可谈》记载，自宋朝以来，上川岛就已经成为古代"海上丝绸之路"的重要驿站。正因为如此，这朵南海碧波中的娇艳芙蓉，还有了其他美丽的名字：16世纪，葡萄牙人称其为"贸易之岛"'法国人称之为"希望之

地"；而现在，人们因其水清沙白、四季如春的海湾而赋予了它"东方夏威夷"的美誉。

在这个温柔美丽的海岛上，几百年前真的有一支庞大的海盗队伍在此活动吗？号称"中国第一海盗"的张保仔真有其人吗？他真是传说中的"怒海侠盗"吗？

在寻宝之前，必须首先回答这些问题。只有把藏宝人的真实性考证清楚，寻宝计划才可以继续下去。如果连藏宝人都是子虚乌有的话，那么前面的宝藏之说自然就不攻自破了。

《南洋华侨通史》及袁永纶的《靖海氛记》等都有关于海盗王张保仔的记载。看来，历史上确实有张保仔这个人，而且毋庸置疑此人的身份就是海盗。是海盗就一定会抢掠到财宝，但是他到底有多少金银珠宝埋藏在上川岛上呢？

张保仔作为"中国第一海盗"当之无愧。既然是"中国第一海盗"，那么可以推断他拥有的财富绝不在少数。更为重要的是，据史料记载，在时任两广总督张百龄的封禁海岛战略和中外舰队的内外夹击之下，张保仔接受清廷招安，并受封"千总"头衔，帮助清廷剿匪，最终"怏怏而亡"，留下了大批尚未挖掘的财宝。

当年，张保仔为什么会选择上川岛作为他的根据地呢？上川岛真是他的藏宝点吗？翻开世界航海地图，很容易找到答案。众所周知，第一次地理大发现后，葡萄牙人开辟了从好望角至日本的贸易航线，而上川岛恰恰处于该航线的中间地带。

1548年，明朝荡平了葡萄牙人在浙江近海的贸易据点。此后，上川岛很快发展为中国与西方的商品交流中心。光绪十九年，上川岛一度成为古代海上丝绸之路的重要驿站。由此可以推断，张保仔的"红色帮"就是凭借上川岛优越的地理位置横行南海、大发其财的。

对于张保仔的势力规模，据他投降清廷后的降表中记载：其始不过三五成群，其后遂至盈千上万。加以年荒岁欠，民不聊生，于是日积月累，愈出愈奇"。"红色帮"最盛时，拥有大船800艘，小船1000多艘，聚众达10万人。

如此看来，上川岛藏宝的可能性似乎越来越大。既然有"地一份"之说，那么上川岛"处处藏宝"也就所传非虚了。怎样才能找到这些被小心掩藏着的宝藏呢？

沙堤渔港既然是张保仔活动的大本营，那么它很可能也是主要的藏宝点之一。基于这一推论，寻宝的第一站非属沙堤渔港不可。

在沙堤渔港北面，有一座怪石嶙峋的小山，当地人称之为棋盘山。这座山的得名与张保仔密不可分。根据史料推断，张保仔做帮主之时，正是"红色帮"最盛时期。其时，他

上川岛风光

们控制了上下川岛、赤溪半岛、沙咀沿海及东至香港，西至海南的许多岛屿，并在上川岛北端和赤溪半岛南端设炮台控制了这一重要航线。上川岛北端的大塔顶上仍有当年炮台的遗迹。据说，凡是有船只经过这条航线，都要通令靠岸查验后方可放行。若对方不从，张保仔就命手下升起薄铁片制作的三角令旗，旗角指向哪个方向，其手下的船队就往哪个方向出击。

棋盘山正是张保仔当年运筹帷幄、决胜千里的"司令部"。这里大石林立，山洞较多，是个易守难攻的天然藏匿之处。当年，张保仔命人在山顶最高处的大石上凿了一个棋盘，他经常和军师在此玩一种叫广东民间土棋，博弈之间诞生了不少作战的妙计。

在棋盘山，像这样的山洞很多，而古往今来山洞都是藏宝者的首选之地。既然如此，在棋盘山错综复杂的山洞之间藏宝就有了无限的可能。可惜的是，张保仔留下来的藏宝证据太少了，偌大的棋盘山无法让人仔细翻遍每一处山洞和巨石。但是总有一天，当某个幸运的人翻开其中一颗巨石时，璀璨耀眼的珠宝就可能会躺在那里。

在棋盘山，人们没有找到传说

沙堤渔港

中的宝藏。但是，上川岛的另一个藏宝点似乎存在更大的可能。"榄仔对娥眉，十万九千四，月挂竹竿尾，两影相交地。"这是张保仔无数藏宝诗中最著名的一首。据说，张保仔在每个藏宝点都留下了藏宝诗，但是这些藏宝诗大多数随着手抄本的失传而难觅踪迹。少数几首诗通过记载或者口口相传勉强流传了下来，被寻宝者们当成打开宝藏之门的密匙。

上川岛风光

"榄仔对峨眉"这个藏宝点位于公路两侧的矮山之间，完全不像传言那般神秘。榄仔、娥眉原来是山上的两块石头。榄仔石处在一群乱石中，形似橄榄，表面光滑如镜。这榄仔石的奇特之处，不光是石头的形状，更是石头旁的那首题诗，正是张保仔留下的藏宝诗。山的对面，有另一块石头于绿草之中，石上有一道天然裂痕，似嫦娥清秀的蚕眉，这就是娥眉石。这首藏宝诗的意思是说，榄仔石和娥眉石之间埋藏着109400两金银财宝，要得到这些财宝的办法是在晚上竖起两根竹竿，月亮升到竿顶时，从两竿影子相交之处就可以找到宝藏了。

在田间，人们曾无意当中发现了一块光滑的巨石，上面长满了一层仙人掌。当地村民铲开石上的仙人掌后，一个直径约4厘米的石洞赫然出现在眼前。难道这就是传说中插竹竿的地方？如果是，那么另外一个插竹竿的洞在哪里呢？遗憾的是，人

们最终也没有找到另外一个插竹竿的洞。而且即便找到了,竹竿的高度是多少也无法得知,也仍然没办法确定藏宝的准确地点。

与其他藏宝传说不同,张保仔的故事发生在清代,历史事件的口口相传不会出现太大的误差。根据老人的说法,光是上川岛及附近岛屿的藏宝窟就有几十处,而且大部分仍"深藏闺中",如公湾的"倒吊人头"、背子迳的"鬼仔上桅"、浪湾的"七星伴月"、棋盘山的"石手指"、乌猪岛的"半边月"石刻、扯旗山的"金井"、竹旗山的"银顶"等都有张保仔的宝藏。但是,藏宝秘籍早已失传,人们很难确定具体位置去寻找宝藏。

即便如此,上川岛关于寻宝、得宝的传奇故事也非常多,当地人对此津津乐道。在乌猪岛,有一个人在放牧中偶然发现了一个薄本。但是他不识字,便把纸撕下来卷烟。

直到一天,他的朋友上岛发现了那个薄本,可惜只剩下最后一页,上面写着:乌猪洲仔有石船,船头向往穿石心,船尾向往三尖石,石下一香炉,石香炉地下有井字,从井字量起三十六周线,黄金三百两,白银三皮箱。当时,两人找到了香炉和井字,但是却不知道三十六周线是什么,怎么计算,只好就此作罢,留下了这个谜底至今未能破解。

西夏黑水城宝藏之谜

黑水城

在我国西北的贺兰山一带，曾经活跃着一个充满神话色彩的民族。他们把贺兰山奉为神山，在那里建造了许多寺庙殿宇。经过多年的努力，这个民族建立起一个庞大的帝国，国势之大甚至直接影响到了中原汉族王朝的统治。这个民族就是党项族，建立的国家就是历史上赫赫有名的西夏。

党项族本来生活在青海东南部，到南北朝时逐渐发展壮大。唐朝统治者为了维护边境地区的安宁，赐予党项族首领拓跋赤辞李姓。唐末的动乱中，党项族因剿匪有功受到封赏，首领被授予夏州定难军节度使，统辖夏州等五州地区，晋爵夏国公。此后的

200年中，党项族一直控制着贺兰山的兵权。唐朝灭亡后，党项臣服于后来的宋朝，首领李德明采取倚辽和宋的策略，即向辽、宋同时称臣。这样党项既能获得宋朝的赏赐，又能依靠辽国的威势牵制宋朝。李德明死后，李元昊继位，他就是西夏的开国之君。

李元昊为了使党项族的各个部落团结起来，增强军事力量，就在民族内部采取了许多提高民族意识的措施。他去除唐朝、宋朝时对党项族的赐姓，自改姓氏为"嵬名"，严令国中袭用胡礼，官民一律秃发、耳垂重环、"改大汉之衣冠"，确定民族服饰，制定官吏制度、创制国书、设立蕃学，等等。这些措施对党项族的发展起到了积极的作用，各个部落都团结起来，整个党项族也就更加强大了。

李元昊见国家兵强马壮、人民富足，知道称帝的时机已经成熟。公元1038年，他在辽国的支持下称帝，国号大夏。因为大夏国在宋朝的西面，中原称之为西夏。

"红妆拥坐花照酒，青萍拔鞘堂生风。螺旋铓锷波起脊，白蛟双挟三苍龙。试人一缕立褫魄，戏客三招森动容。"这是苏东坡得到一把西夏剑后，兴奋之余命晁补之写的赞美西夏剑的诗歌中的几句，诗名叫《赠戴嗣良歌时罢洪府监兵过广陵为东坡公所出》。诗中的"拔鞘"指的就是西夏剑的剑鞘，这把剑的锋利竟到了吹毛即断的地步。

西夏剑在兵器中号称举世无双，在宋朝时与蜀锦、定磁、浙漆等并称为天下第一，就连宋钦宗都十分喜爱西夏剑，常常把它带在身边把玩，戍守边疆的大臣也以从皇帝那里获得西夏剑作为最高规格的赏赐，由此可见西夏剑的锋利与名贵。

从制造精良、锋利无比的西夏剑上可以看出西夏的冶炼技术非同一般,在当时处于顶尖水平。西夏剑只是先进的冶炼技术的一个代表,西夏的其他兵器也都制造得十分精良。史书记载,西夏甲胄皆冷锻而成,坚滑光莹,非劲弩可入。西夏的陵墓中出土的甲胄残片制作精细,薄厚均匀,孔眼划一,有的外表有鎏金。

除战争的需要外,西夏的农业发展也使政府大力地发展冶炼技术。西夏建国后,种植业生产已经远远超过了党项传统的畜牧业和狩猎所带来的价值,人们的生活主要靠农业生产来提供,这带来了西夏的冶炼技术的大发展。西夏的冶炼技术主要用于两方面:一是用于制造皇室、贵族等人使用的奢侈品及平民百姓所需的日常生活用品;二是制造兵器及农业生产工具。

西夏的酒文化十分发达,所酿的酒均属上品,因此西夏人在遇到危难的情况下都不会忘了把酒瓶收藏起来。北宋陆游在《秋波媚》中称赞西夏美酒"凭高酹酒、此兴悠哉"。

西夏的酿酒历史最早要追溯到党项族的祖先羌族时期。羌族是更为古老的一个少数民族,生活在一望无际的青藏高原上。由于地广人稀和气候寒冷,羌族靠饮酒来抗拒严寒。此外,他们豪爽的性格也造就了好酒的天性。

他们在草原上以游牧为生,虽然不种

黑水城

植农作物,没有五谷,可是却学会了造酒,青藏高原给他们提供了天然的原料——野生的大麦。《旧唐书》上就记载了羌族人求大麦于他界,酝以为酒的事情。这也是我国北方用麦造酒的最早的记录。

羌族的一支发展为党项后,承袭了祖先的造酒工艺,而党项内迁后,出现了农耕和农业生产,党项人得到了许多粮食作物,这就为改进造酒工艺、增加酒的品种提供了契机。同时,随着对外文化交流的扩大,党项开始接受中原地区及其他民族的造酒工艺。这些都使得党项的造酒技术大大进步,酒类的品种也开始多了起来。

西夏建国后,酿酒业更是得到了长足的发展。那时,他们已经开始定居下来,农业生产成为人民生活的重要组成部分。农作物品种和产量都显著增加,为酿酒业提供了广阔的前景。到第五代皇帝李仁孝统治时期,西夏的经济、国力都达到了顶峰,酿酒业也随之进入最为繁荣的时期。统治者为了保证他们特殊的酿造技艺不外传,还专门设置了"酒务"机构并制定了这方面的法律,以管理酿酒作坊、发展酿造业。西夏法典《天盛律令》详细规定了酒的生产与管理制度:必须在官府批准并颁发许可证之后才可以酿酒,否则就要受到相应的惩罚,轻重视私酿酒的数量而定。

在西夏时期开凿的安西榆林窟中就有一幅《酿酒图》壁画,这幅画向后人详细地讲述了酿酒的工具、过程、原料等信息:画面中央是一个热气腾腾的灶台,上面是层层叠叠的方形器物。一位妇女身穿浅色的长袍,左臂卷着袖子,拿着吹火筒蹲在灶台旁烧火。灶台里面的火很旺,后面的烟囱冒着滚滚的烟;另一位妇女穿着深色的对襟大领长袍，拿着一个陶器站在灶台旁回头看着烧火的妇女，似乎在向她询问什么。灶台的左面放置着酒壶、贮酒槽、木桶等工具。从这两个酿酒人的性别、装束来看，这应该是西夏家庭酿酒时的一个场景。由此可见，那时西夏的酒文化十分繁荣，家庭也已经掌握了酿酒技术。

西夏历史被再次发现已是20世纪。在史学界流传着这样一句话"要研究西夏文化，请到俄罗斯！"这一切都要从一座古城——黑水城说起。

在内蒙古的最西端阿拉善盟额济纳河下游沙漠的边缘，有一座残存的古城遗址。遗址呈长方形，周长约1千米，四周有残存的城墙。在东西两面的城墙中设有城门，并筑有瓮城。这些城墙虽然历经千年的大漠风沙，残存下来的仍然有10米之高。城墙为夯土板筑，内有横木、绳索和荆棘相勾连。城池的内部有街道、房屋、墙壁在黄沙中露出头来。在城外的西南方向，还有一座礼拜堂完好无损地屹立在荒漠之中，这座礼拜堂呈蒙古包顶、壁龛样

黑水城

式的清真寺造型。城墙西北角,有五座高低不等的覆钵式佛塔,十分惹人注目。这就是传说中的黑水城遗址,是古丝绸之路现存最完整、规模最宏大的一座古城。

黑水城是西夏国的古都,党项语叫"亦集乃",是西夏国一个繁华的边镇和驻军重镇。西夏国王李元昊为了巩固国家的边防,在这里设置了兵强马壮的"黑山威福军司"。由于其地理位置的重要性,黑水城由地位很高的王公戍守。黑水城繁盛时,有着优美的自然环境,并不是像今天这样遮天蔽日的黄沙景象。那时,这里水草丰美、气候适宜、林木众多,人们过着安逸富足的生活。西夏灭亡后,元朝在此设置"亦集乃路总管府"。公元1372年,明朝大将冯胜攻破黑水城,黑水城就从此废弃了。

西夏国都兴庆府被蒙古大军攻破之后,黑水城尚未失守,其间西夏国一些重要历史文献和金银财宝被转移到黑水城,并在此掩藏,从此丰富多彩的宝藏故事就开始传播开来。民间传说引来了无数的盗宝者,黑水城闻名于世就是因为探宝而意外发现文物引起的。

1886年,俄国学者波塔宁是第一个来到黑水城的现代人。他在额济纳河考察时,无意间发现了黑水城遗址。他的到来揭开了一个古国文明的神秘面纱,但也给这里带来了灾难。1908年,俄国人柯兹洛夫来到黑水城,买通当地王公,先后进行了三次发掘,掠夺了西夏文刊本和写本古籍数千种,征用了近百峰骆驼才得以把这些文物运走。

这些文献书籍中,仅罕见的书籍就达34种,此外还有汉文、藏文、回鹘文、突厥文、女真文、蒙古文、叙利亚文等书稿。柯兹洛夫将这些典籍运回了圣彼得堡,分别珍藏于俄罗斯皇家科学院亚洲博物馆和俄罗斯博物馆,轰动了全世界。柯兹洛夫为了炫耀他到中国"探险"的功绩,写了本名为《蒙古、安多和死城哈喇浩特》的书,书中写道:(他) 赠送给探险队一大批收藏品,整整一个图书馆的书、纸卷、手稿,约有300多幅画在亚麻布和纸上的佛像……体现了不同文明程度的金属铸像和木雕泥塑、画板、塔的模型和很多其他的东西。

在哈喇浩特（黑水城）遗址度过的几天中,探险队总计得到下列各种物品:书、纸、金属钱币、妇女装饰、若干家庭用具和日用品之类的东西;在数量上,他们收集的考古资料装了10个普特重的邮箱。1普特相当于16千克,也就是说,柯兹洛夫第一次发掘就盗160千克重的我国西夏文物。柯兹洛夫在黑水城的盗宝之举吸引了更多的盗宝者来到这里,以各种名义挖掘地埋的宝藏。从此,黑水城就陷入了一轮又一轮的盗掘之中。

黑水城

1915年,斯坦因率领中亚探险队以"探险"的名义来到黑水城盗宝。经过了一番挖掘之后,他和他的探险队发现230册珍贵的汉文古籍和西夏文书。

1923年,美国人兰登·华尔纳等人又在黑水城进行了10天的发掘工作。

1927年，瑞典人斯文·赫定带领的中德西北科学考察团在黑水城掘得一部元刊本《大藏经》。1930—1931年，中德西北考察团发掘出10 000多枚居延汉简，现在存于美国国会图书馆，成为镇馆之宝。就这样，一座反映西夏古代文明及周边国家文明的巨大图书宝库被瓜分了。

为了进一步地研究西夏历史文化，1982—1983年，我国专门组织了联合考古队，正式对黑水城进行抢救性发掘。在这次发掘中，考古学家根据黑水城的遗址摸清了城市布局，并发现了大量文书和其他文物。

这些文书汇聚了我国的许多民族语言，包括汉文、西夏文、蒙古文、藏文、古阿拉伯文等各种民族文字，反映了这些民族的历史文化。在黑水城遗址，我国发现了最多、最完整的西夏文书资料，如西夏的《天盛年改定新律》《文海》《番汉合时掌中珠》等。

元朝的统治者在攻克西夏国都后肆意烧杀掠夺，生灵涂炭，西夏的许多珍贵典籍横遭劫灭。而元朝统治者更是对西夏历史不屑一顾，编修《宋史》《辽史》，却偏偏不修西夏史。

西夏的历史文明从此被黄沙掩埋，几乎被世人遗忘。黑水城众多西夏文献、文物的面世，弥补了西夏历史文化的断层遗憾。通过对这些西夏文献、文物的整理研究，历史学家发现了很多有关西夏历史、文化等的重要信息，为研究西夏、元朝社会历史和文化提供了极为宝贵的文献资料。

大清赫图阿拉宝藏之谜

"赫图阿拉"是满语,汉意为"横冈",即平顶的山冈。其建筑为一城一郭式,城垣由土、石、木杂筑而成。据史载,努尔哈赤的曾祖父福满,当年建了6座城池,分别分给自己的6个儿子,其中福满的第四个儿子叫觉昌安,也就是努尔哈赤的祖父,分到的城池就是现在的赫图阿拉城。

1559年,努尔哈赤诞生于赫图阿拉。作为满族和清王朝的龙兴之地,赫图阿拉是大清历代帝王心中不可替代之圣地,是龙脉之所在,所以随着清王朝的兴盛而日渐被尊崇和重视。清王朝不仅在此设府设厅,还派兵驻守,清太宗皇太极更是尊赫图阿拉为"天眷兴京"。清王朝定鼎北京后,顺治皇帝又封赫图阿拉为"创业之地"而敕建保护。

汗宫大衙门,又称金銮殿、尊号台,是赫图阿拉的心脏所在,位

努尔哈赤像

于古城北侧的高冈上。万历四十三年十一月，努尔哈赤在赫图阿拉把满族原有的黄、白、红、黑四旗中的黑旗改为蓝旗，并增加了镶黄、镶白、镶红、镶蓝旗，共八旗。此年的正月初一，手握"八旗"的58岁的努尔哈赤雄心勃勃地在赫图阿拉汗宫大衙门内"黄衣称朕"，自称为汗，大金国从此诞生。此后一个崭新的、宏伟的清王朝的第一都城——赫图阿拉便耸立在关东的大地上，同时进兵中原、一统天下的霸念在努尔哈赤脑海中酝酿而成了。

努尔哈赤塑像

据清代野史记载，努尔哈赤曾掠夺了数以千万计的黄金、白银以及大量的珍宝财物。由于满族当时是游牧民族，对食物、财物有着强烈的储备意识，所以，这笔数额巨大的宝藏被秘密地运到了当时的大金国都——赫图阿拉，并藏在了一口名曰汗王井的古井内。汗王井位于内城中部，正白旗衙门冈下西南方，为赫图阿拉城内唯一的一口水井。三百多年来，城内军民皆用此水，故有"千军万马饮不干"之誉。因努尔哈赤在此城"建元称汗"，故得名"汗王井"。

那么汗王井下到底有没有传说中的宝藏呢？这须从大妃阿巴亥说起。阿巴亥是努尔哈赤最宠爱的十四子多尔衮的母亲。生前，努尔哈赤一心想把王位传给多尔衮，但其一死，汗王之印却落在八子皇太极的手上。皇太极虽然得以继位，但国库中的金银财物却依然掌控在阿巴亥的手中。

为免夜长梦多，皇太极向软硬不吃的阿巴亥下了最后的通牒，要么交出全部的宝藏，要么与努尔哈赤一起殉葬。出乎皇太极意料的是，阿巴亥竟然选择了为努尔哈赤殉葬的这条死路。阿巴亥死后，一心惦记着宝藏的皇太极挖空了心思寻找宝藏，最终在他的淫威酷刑之下，内务府的官员道出了这笔宝藏的去向，即从内务府的暗道运往了汗王井。

于是，急不可耐的皇太极立即命人从汗王井与暗道两个入口处顺藤摸瓜寻找。但是，两批被派下去寻宝的人，一去却无音信，同时被用来传递信息的绳子也不知被什么动物咬断了。

心有不甘的皇太极又接连派下去了好几批人，结果依然是有去无回。皇太极不禁恼羞成怒，下令掘地三尺，大有不挖出宝

赫图阿拉城

藏绝不罢休之势。谁料军士们刚抡起锹镐，准备挖掘时，原本晴空万里的天空骤然间黑云蔽日，同时一股浓烟从汗王井中滚滚而出。浓烟散尽，阿巴亥从井中而出，皇太极当即吓得魂飞魄散。

阿巴亥怒斥皇太极念财忘义、不思进取，并告之此宝藏是大清的国本运数，将护佑大清国运昌盛，江山永固。惊恐万状的皇太极当即跪地叩拜，并发誓不再寻找宝藏。话音刚落，天空云开雾散，一切又恢复如旧。曾经的井口通道与内务府的密室暗道，也在云开雾散的那一刹那，消失得无影无踪。

从此，大清宝藏的真实位置便不再有人知道，同时宝藏的下落也就越发变得扑朔迷离起来。此后，一代又一代的清王朝执政者只知道大清在关外还埋藏着一笔珍宝，但谁也说不清这笔宝藏究竟藏在何处。

赫图阿拉城

稀世国宝楼兰彩棺之谜

2000年是楼兰古城遗址发现100周年,神秘的"东方庞贝"再次引起人们关注。经过大量准备工作后,一支由51名研究历史、考古、社会学的专家、学者和部分游客,其中包括一名日本人组成的考察队于2000年3月25日下午,乘坐十几辆越野车,从巴音郭楞蒙古自治州州府所在地库尔勒市出发,浩浩荡荡地开进了号称"死亡之海"的塔克拉玛干沙漠。

2000年3月26日下午6时许,巴音郭楞蒙古自治州史志办张体先一行4人乘坐的考察队7号车,首先到达著名的营盘遗址古墓群与小佛塔中间地带。考察中,张体先在一条干涸的小河道里,意外发现了一具独木舟棺材。他们将这具奇特的棺木从河道里拉出来后,发现残棺仅剩85厘米长、50厘米宽的一部分,棺帮厚约2厘米,估计此棺原长约3到4米,其余部分已断朽在地下。当时他们怎么也没想到,眼前这个极"普通"的残棺,竟是出自汉晋的稀世国宝——楼兰彩棺!

发现残棺后,他们从现存部分看到,这一独木棺的胡杨木质仍还结实,外部构造精致,表面平整,内凹部分打磨得十分光滑细腻,底部的紫色油漆花纹仍十分明显。残棺上下均有竖道花

沙海

纹，为方头如意纹及雀彩玄武纹。这是一副罕见的沙漠彩棺，对楼兰历史有一定了解的张体先马上意识到此棺的历史价值不同寻常。但考虑到考察队在进入楼兰遗址前就制定了铁的纪律，不准带走任何文物，所以考察队决定到宿营地请示领导后再决定，于是就把彩棺放在了原地。据他事后回忆，当时共有两辆车，有7个人看到过彩棺。

据《中华新闻报》报道，张体先等7人回到宿营地后，集体向考察队领导汇报了发现彩棺的经过。据学者们判断，此彩棺极可能是汉晋时期西域三十六国中一个山国国王的墓葬。况且前两年考古学家在营盘遗址上还发掘过一些颇有历史研究价值的古墓，所以考察队领导对此棺十分重视。

之后，考察队一行出发去龙城前，有关领导特意告知张体先，要派一辆车去营盘寻找那具彩棺。令人遗憾的是，当时一名炊事员受了伤，等张体先为他包扎好伤口走出宿营地时，才发现寻找彩棺的车已走了。当晚在龙城宿营时，一位参加找彩棺的队员告诉张体先，因为他没亲自去，再加上沙漠里地貌极为相似，结果领导派出的那辆车，在营盘遗址周围转了很多圈，也没找到那具彩棺。

在茫茫沙海中这本是很正常的事，再加上这里是"进去出不来"的沙漠腹地，外人难以进来，所以当时众人想反正彩棺放在那里也不会丢，还不如等考察完周围的几个文物点，返回时再接着寻找。当时谁也不会想到这具楼兰稀世彩棺会出什么意外。然而出人意料的事发生了。当考察队考察完预定地点返回到那条干涸的河道边时，几个人走到彩棺发现地一看，不由大吃一惊：楼兰稀世彩棺已不翼而飞！

国宝遗失，绝非儿戏。后来，考察队再度赴营盘所在遗址寻找彩棺。众人以原彩棺出土处为中心，在周围数十公里展开大规模搜寻，仍一无所获。接着，又经一番艰难寻找后，考察队领导终于失望了，他们断定这具彩棺已被人盗走！楼兰稀世彩棺失踪的消息传出后，引起新疆维吾尔自治区政府的高度重视。后经数月查寻，彩棺仍下落不明。

楼兰古城遗址

图书在版编目（CIP）数据

历史传闻中的宝藏 / 王博编著. -- 长春：吉林出版集团股份有限公司, 2014.10
（历史的天空 / 张帆主编）
ISBN 978-7-5534-5659-1

Ⅰ. ①历… Ⅱ. ①王… Ⅲ. ①历史文物－世界－少儿读物 Ⅳ. ①K86-49

中国版本图书馆CIP数据核字（2014）第221379号

历史的天空（彩图版）
历史传闻中的宝藏
LISHI CHUANWENZHONG DE BAOZANG

著　　者	王　博
出 版 人	吴　强
责任编辑	陈佩雄
开　　本	710 mm×1000 mm　1/16
印　　张	10
字　　数	150千字
版　　次	2014年10月第1版
印　　次	2021年11月第3次印刷
出　　版	吉林出版集团股份有限公司
发　　行	吉林音像出版社有限责任公司
	吉林北方卡通动漫有限责任公司
	（吉林省长春市南关区福祉大路5788号）
电　　话	0431-81629667
印　　刷	鸿鹄（唐山）印务有限公司

ISBN 978-7-5534-5659-1　　定　价　45.00元

如发现印装质量问题，影响阅读，请与出版社联系调换。